ÁRVORES
As Guardiãs da Sabedoria Ancestral

Camila Rowlands

ÁRVORES
As Guardiãs da Sabedoria Ancestral

© Publicado em 2020 pela Editora Isis.

Revisão de textos: Rosemarie Giudilli
Diagramação e capa: Décio Lopes

Dados de Catalogação da Publicação

Rowlands, Camila

Árvores: As Guardiãs da Sabedoria Ancestral / Camila Rowlands | 1ª edição | São Paulo, SP | Editora Isis, 2020.

ISBN: 978-65-5793-000-7

1. Árvores   2. Sabedoria Antiga   I. Título.

Proibida a reprodução total ou parcial desta obra, de qualquer forma ou por qualquer meio seja eletrônico ou mecânico, inclusive por meio de processos xerográficos, incluindo ainda o uso da internet sem a permissão expressa da Editora Isis, na pessoa de seu editor (Lei nº 9.610, de 19.02.1998).

Direitos exclusivos reservados para Editora Isis.

EDITORA ISIS LTDA
www.editoraisis.com.br
contato@editoraisis.com.br

SUMÁRIO

Breve reflexão pessoal 7
Introdução 11

I. O ser humano e a natureza 15
   Natureza e história 15
   A reconciliação 24

II. As árvores na tradição, na mitologia e na religião .. 29
   Totens, árvores sagradas e árvores simbólicas 29
   As três visões arquetípicas das árvores 37
   A árvore da vida 37
   A árvore do conhecimento 40
   A árvore cósmica 41
   Tradições relacionadas com as árvores 44

III. A cura vibracional 47

IV. Energia curadora das árvores 51
   Os corpos energéticos 54
   Os sete chakras principais e suas correspondentes energias ... 57
   Como trazer à consciência os seus corpos energéticos ... 57
   Como decifrar aquilo que os seus corpos energéticos tentam lhe dizer ... 61

A doença e o crescimento pessoal 64
As seis etapas da cura 65
Aproximando-nos da árvore curadora 68
Procurá-la 70
Encontrá-la 79
Observá-la 82
Escutá-la 84
Tocá-la 85
Cheirá-la 87
Degustá-la (sim, também pode saboreá-la) 91

V. A árvore e sua identidade 101
Como intuir as qualidades de uma árvore em particular .. 102
A bétula 105
A nogueira 109
A faia 112
O pinheiro 114
O abeto 116
Baniano imortal - O mistério da árvore-floresta 119

VI. Breve reflexão pessoal 123

BREVE REFLEXÃO PESSOAL

Na sua copa sussurra o mundo, suas raízes descansam no infinito, mas não se perdem nele, ao invés disso perseguem com toda a força de sua existência uma coisa apenas: cumprir a sua própria lei, que mora nelas, desenvolver a sua própria forma, representar-se a si próprias. Não há nada mais exemplar nem mais santo que uma bela e forte árvore.

Quando se corta uma árvore e essa demonstra ao mundo a sua ferida mortal, na clara circunferência da sua cepa e monumento pode-se ler toda a sua história: nos círculos e deformações estão descritos com facilidade o seu sofrimento, a luta toda, as doenças todas, a felicidade e prosperidade toda, os anos frondosos, os ataques superados e as tormentas sobrevividas. E qualquer jovem camponês sabe que a madeira mais dura e nobre tem os círculos mais estreitos, que no alto das montanhas e no perigo constante crescem os troncos mais fortes, exemplares e indestrutíveis.

As árvores são santuários. Quem sabe falar por elas, quem sabe ouvi-las, aprende a verdade. Não predicam doutrinas e receitas, predicam, indiferentes ao detalhe, a primitiva lei da vida.

Uma árvore diz: na minha vida oculta-se um núcleo, uma faísca, um pensamento, sou vida da vida eterna. É única a tentativa e a criação que tem ousado em mim a Mãe Terra. A minha missão é dar forma e apresentar o eterno nas minhas marcas singulares.

Uma árvore diz: a minha força é a confiança. Nada sei dos meus pais, nada sei dos milhares de rebentos que todos os anos provêm de mim. Vivo até o fim do segredo da minha semente, não tenho outra preocupação.

As árvores têm pensamentos dilatados, apurados e serenos, assim como uma vida mais longa do que a nossa. São mais sábias do que nós, porém não as escutamos. Mas quando aprendemos a ouvi-las, a brevidade, velocidade e prontidão infantil de nossos pensamentos conquistam certa alegria sem precedentes. Quem tem aprendido a ouvir as árvores já não deseja ser uma árvore. Não deseja ser mais do que é.

Herman Hesse, **Caminhada.**

INTRODUÇÃO

Quando era criança, fascinavam-me as árvores humanoides com os rostos carregados de expressividade que descobria nas páginas de alguns contos clássicos. A minha mãe conservava desde a infância um livro de contos de fadas com ilustrações do genial Arthur Rackman, e passávamos horas contemplando esses seres entre árvore e homem que povoavam belíssimos bosques sombrios e que protagonizaram longos diálogos. Tive a sorte de crescer no campo e andando alguns metros a entrada da minha casa transformava-se em mato. Costumava passear com frequência com os cachorros, e a minha fértil imaginação levava-me a enxergar, sem sombra de dúvidas, rostos anciãos nos troncos nervurados das árvores que cercavam nosso passeio. Nunca tive medo.

Em verdade, esse era o meu habitat favorito. Rodeado de árvores, arbustos e flores sentia-me mais à vontade que na minha própria casa. Sem dúvida minha vocação, embora eu não soubesse, já me definia. Por causa disso, a minha chegada à naturopatia e às terapias vibracionais foi natural e progressiva. E daí meu encontro, ou melhor, meu reencontro, com as árvores e seus formidáveis campos energéticos seria um fato inevitável.

Aqueles seres misteriosos e carismáticos que faziam parte do meu universo infantil eram em verdade a abstração de algo tangível e demonstrável. Até a orgulhosa ciência tem começado a se interessar por elas e a dedicar horas e orçamento para realizar estudos sobre a área.

Eu, da minha parte, tentei ser rigorosa, e esse livro, que vem a ser o resultado de longos anos de pesquisa. Pesquisa teórica e prática, em que tenho analisado e relacionado cada variável e levado em consideração cada detalhe.

Sei pessoalmente o significado de chegar, absolutamente, arrasada ao pé de uma faia para logo após ir embora na calma absoluta e com as ideias bem claras a respeito da solução daquilo que, até então, parecia ser irremediável.

Tive experiências, difíceis de pôr em palavras, ao meditar sob uma bela figueira que tinha me recebido – sim, você leu bem: recebido – com energia tão aconchegante que me fez chorar.

À medida que escrevia no meu caderno de campo cada descoberta, eu as assimilava, porque em muitos casos a experiência era tão surpreendente que parecia difícil não me autocensurar na hora de expô-la. Na verdade, esse livro é uma simples exposição de minha própria experiência. Não é um tratado teórico, nem um manual de instruções inflexíveis, é um convite para você adentrar na sua própria *mata*, (seja essa a Floresta Negra ou a pequena praça ao final da rua, isso não tem importância) e começar a sua pesquisa pessoal.

Nas páginas seguintes ofereço a você pautas e ferramentas que podem ser úteis para essa tarefa, e dados que você pode utilizar como valores comparativos ou guia. Meu único objetivo é indicar uma porta, e, assim que a transpuser, a sua experiência será única e intransferível, mesmo assim posso lhe assegurar que vamos nos encontrar frequentemente.

As paixões, para ser tais, precisam ser compartilhadas, e me faz imensamente feliz contagiar a minha devoção pelas árvores – desde a sua mitologia, seu simbolismo, seu valor arquetípico, seu mistério ancestral e, por último, seu poder sanador. Sei que um livro, sem maiores pretensões que acompanhar, pode ser uma boa forma de contágio.

Deixo-lhe o meu testemunho amigável em forma de livro, desfrute-o. Contudo, não lhe confira tanta gravidade e autoridade, pois as árvores é que vão lhe ensinar muito mais do que eu. De acordo com o escritor e filósofo espanhol Miguel de Unamuno: "Houve árvores antes de que houvesse livros, e talvez quando os livros acabarem continuem as árvores. E talvez chegue a humanidade num nível de cultura tal que não precise já dos livros, mas sempre precisará das árvores, e então adubará as árvores com livros."

I

O SER HUMANO E A NATUREZA

A floresta é a natureza não domesticada, e nela a árvore é o majestoso e rebelde cavalheiro que responde apenas por ele mesmo.

Há alguém inato e ancestral que nos conecta com o arbóreo e que subsiste permanente, embora as mudanças e as diversas maneiras de nos relacionar com a natureza que ao longo da história têm sido debatidas e alternadas entre duas atitudes opostas: a materialista e a espiritual. Ou o que é a mesma coisa, entre a ambição por dominá-la e a tendência a cultuá-la como expressão do poder dos deuses.

Natureza e história

Nos tempos remotos, os primeiros povos ergueram sua cultura e suas estruturas sociais extraindo do universo ao redor o sustento e os remédios de que precisava o seu corpo, assim também as crenças e os conceitos transcendentais que precisava a sua alma.

As primeiras práticas curativas e religiosas ou mágicas estavam em estreito vínculo com a natureza.

Os deuses e deusas das antigas cosmologias e mitologias são inimagináveis sem o fator natureza em suas histórias. Em suas personalidades fundem-se o mundo humano, o divino e o selvagem. Divindades que de alguma maneira respondem à necessidade de achar uma ordem e uma estrutura na natureza.

Os filósofos gregos transcenderam o conceito mágico e começaram a observar diretamente e sem filtros o mundo natural e a se fazer perguntas.

Os primeiros filósofos a se interessar profundamente pela natureza foram os chamados pré-socráticos, os quais estavam convencidos da existência de uma substância permanente e primordial no cosmos.

Uma substância constitutiva de todos e de todo (soa curiosamente quântico, não é mesmo?). Esse primeiro elemento de todas as coisas, nomeado genericamente de *arjé*, seria a fonte, o princípio, a origem do nosso mundo. A maioria deles assinalava que se tratava de um elemento natural muito conhecido pelo homem como, por exemplo, a água (Tales de Mileto), as sementes, *spermata* em grego (Anaxágoras), o ar ou a névoa (Anaxímenes). Nesse contexto, Anaximandro, discípulo de Tales, representaria enorme salto qualitativo. Para ele, a origem de tudo era o ápeiron "o indeterminado". Algo eterno e indestrutível, substância única sem forma e sem limite, que não foi engendrada, mas da qual gera-se tudo. Tudo nasce do ápeiron e tudo volta para ele, cumprindo um círculo inelutável. A infinidade no tempo e no espaço em contraste com as limitações espaçotemporais da experiência humana.

Na Idade Média, a natureza era considerada manifestação da divindade. Mais uma parte da criação igual ao ser humano, porém uma parte totalmente alheia a ele. Isto é, por uma parte estava o homem e, pela outra, com enorme brecha de separação, o resto do mundo natural. Os homens de ciência chegavam perto da natureza com curiosidade, porém com profundo respeito. Não se deve esquecer o obscurantismo próprio de uma época em que qualquer "teoria" científica tinha por base principal os textos bíblicos.

Erigena, erudito irlandês do século IX, criou sua metafísica da natureza a partir de seu exaustivo estudo e interpretação da Bíblia. Segundo ele, o homem teria sido criado à imagem e semelhança de Deus, mas como animal. De maneira tal que no ser humano refletem-se tanto o mundo espiritual quanto o mundo animal, e por essa razão seu destino une-se fortemente ao mundo natural. A esse respeito, falava de "restauração final" em que a natureza, uma vez espiritualizada, voltaria a Deus, e todas as coisas seriam restauradas "incluídos animais e árvores".

Mas, se existe clara amostra dessa visão absolutamente sacra e espiritual é sem dúvida Hildegarda de Bingen, a lendária abadessa alemã que teve destaque em inúmeras áreas, desde a medicina até a mística passando pela composição musical, a botânica ou a redação de tratados de diferentes assuntos. Sem dúvida, uma das personalidades mais fascinantes de sua época que, além disso, desde criança experimentou visões. Quando adentrou os 40 anos, tais episódios tornaram-se mais frequentes. E, após receber uma ordem sobrenatural, segundo ela, começou a deixar testemunho escrito desses episódios. E, precisamente, em uma dessas transcrições podemos ler:

> *Sou essa força suprema e ardente que expele todas as faíscas da vida.*
>
> *A morte não me afeta, mas sou quem a espalha e abro minha sabedoria como se estendesse as minhas asas.*
>
> *Sou a essência viva e ardente da substância divina que flutua na beleza dos campos.*
>
> *Brilho nas águas, ardo no sol, brilho nas águas, ardo nas estrelas e em todo o universo.*
>
> *Minha é a força do invisível vento.*
>
> *Eu mantenho o fôlego de todos os seres vivos, respiro o esverdeado nas flores e quando as águas flutuam como seres vivos, isso sou eu.*

Eu levantei as colunas que mantêm a terra inteira (...). Eu sou a origem de tudo, e assim como o homem pode-se mover graças à respiração, o fogo queima graças à minha ardência.
Todos vivem porque eu estou com eles e sou parte das suas vidas.
Eu sou a sabedoria.
Meu é o trovoar da palavra que fez nascer todas as coisas.
Eu contagio todas as coisas para que nunca morram.
Eu sou a vida!

Conforme o Ocidente adentrava o Renascimento, a curiosidade aumentava e diminuíam os preconceitos e as verdades absolutas. Começava-se a aceitar a diversidade e a pesquisa, a experimentação e a procura de explicações se impunham como atitude geral entre as classes cultivadas. E nesse ambiente se impôs a necessidade de repensar a posição do ser humano a respeito de Deus e da natureza. A mágica foi se diluindo em um mar de avaliações, de estudos científicos e de teorias que tinham de ser confirmadas pela experiência. Tinha chegado o momento de esquecer o abstrato e se centrar na observação dos fatos.

A visão do mundo mudou totalmente.

A natureza começou a ser considerada um leque de fenômenos independentes, e o trabalho científico centrava-se em encontrar qualquer vínculo lógico entre eles. Lentamente, foi se abandonando a ideia de uma natureza "mãe" que nos gera, nos mantém e alimenta e ao final voltará a nos acolher.

O cosmos adota melhor o papel de adversário, e o mundo natural é concebido com frieza feito alguém alheio que pode ser usado à vontade e dominado pelo homem. Tal postura justificará a crescente exploração, e de perspectiva religiosa o homem passa a adotar a perspectiva econômica, que se imporá nos séculos posteriores.

Assim, no Renascimento, segundo o britânico John Ruskin:

> ... *perdeu-se a ideia da medida, e considerou-se a ciência como o único bem, sem se importar de saber se ela fornece disposição ao homem ou o paralisa.*

Felizmente, em paralelo a esse conceito de Universo, entendido tal qual uma máquina maior, cujo funcionamento poderia se entender desmontando-a e estudando cada uma de suas partes, desenvolveu-se uma filosofia natural com claros matizes holísticos, o chamado neoplatonismo, que contou com defensores do gabarito de Giordano Bruno. Segundo os neoplatônicos, o princípio de tudo o que existe é o Um, uma realidade suprema da qual surgem todas as demais realidades por causa da emanação. Bruno adotou da filosofia grega o termo "monada" para se referir à unidade mínima na natureza. As *monadas* (ou átomos) formavam não apenas os corpos materiais, incluindo o ser humano, mas também os sistemas planetários, a alma do mundo, o próprio Deus e o universo todo. Sendo o todo e todos os compostos da mesma substância, a perspectiva muda totalmente, o homem não é mais o dono da criação, mas ao mesmo tempo deixa de ser um ser insignificante à mercê da divindade.

Saído da prisão estreita e negra onde segurou-me o erro por muitos anos (...) estendi minhas asas confiado pelo espaço; não senti barreiras de cristal nem de vidro, adentrei-me nos céus e remontei-me até o infinito.

Embora o registro inegável que deixaram os neoplatônicos, antecedente universal direto do movimento holístico atual (que é a essência daquilo que desejo transmitir neste livro), entre o Renascimento e o Barroco acabou-se impondo a visão mecanicista em que Bacon e Descartes criaram os alicerces metodológicos da ciência moderna, ignorando infelizmente certas necessidades fundamentais da psique humana: a ancestral necessidade de perceber o poder mágico da natureza e de se sentir parte dela. Necessidades que aflorariam séculos mais tarde no movimento romântico.

Mas, o Romantismo dos séculos XVIII e XIX surgiu como reação pendular diante do materialismo. A visão romântica da natureza não diferenciava entre matéria e espírito.

A experiência do mundo natural não passava por filtros como a análise ou a prece, a única ponte era o sentimento. Já não importava quem governava, se era a matéria ou o espírito, o que movimentava eram as emoções que a natureza provocava.

A natureza era vivenciada como fonte de inspiração, da beleza melancólica de um pôr do sol até a magnitude de uma árvore centenária. Emoções que ficaram belamente refletidas não apenas nas obras dos artistas da época, mas igualmente em suas fascinadas e fascinantes vidas (Blake, Shelley, Keats, Wordsworth, Byron...).

Lamentavelmente, as vozes de lúcidos românticos como Diderot ou Rousseau (Segui na frente devagar, procurando algum local selvagem no mato, um local intocado onde não houvesse pegada da escravidão que produz o domínio humano, um local protegido onde eu fosse o primeiro a colocar o pé) nada conseguiram fazer contra o avanço tecnológico e industrial do século XIX. Avanço que logo ganhou ares de cruel conquista.

O homem civilizado destruía impunemente, manchando as mãos de sangue e as terras indígenas, aniquilando povos por toda parte e com eles sua dimensão espiritual e o seu convívio harmonioso com a natureza. E essa destruição do vínculo sagrado entre o homem e a natureza ficou marcada, indelevelmente, em nossa consciência coletiva. E a partir desse período de devastação, a decadência tem aumentado de modo significativo.

Parece que o ser humano, ao ser-lhe negado uma alma à natureza, tivesse perdido a noção mais profunda de sua própria alma.

No século XIX, sem escrúpulo nenhum, iniciaram-se os desmatamentos indiscriminados de matas milenares e a exploração extrema por parte do homem branco materialista. O nativo, unido espiritualmente à sua terra, sentiu-se no direito de lutar, o que gerou crescente guerra tácita ou explícita com diversos nomes e rostos, mas guerra, ao fim, que dura até nossos dias.

Em pleno século XXI somos testemunhas de como os interesses comerciais dos mais poderosos ameaçam sem pudor a todos e a cada um dos paraísos de nosso planeta. Cada ano corta-se ou queima-se uma superfície de mata equivalente a quatro vezes a superfície da Áustria. A fumaça que desprendem os incêndios na Amazônia pode ser vista desde o espaço. E ao destruir os habitats, aniquilamos as espécies animais e vegetais que os povoam. O devastador desmatamento tem efeitos globais, uma vez que o clima está sendo afetado, porque a combustão produz dióxido de carbono que contribui para o efeito estufa, ou seja, para o aquecimento do planeta. Soma-se a isso, a erosão do terreno agrícola.

A reconciliação

Novamente, a luz abre espaço para tentar compensar o obscuro manto que nos cobre como espécie, e graças em boa parte à revolução no âmbito das comunicações, está surgindo com força no mundo todo um "exército da paz", compromissado. Hoje, além da informação que querem que chegue a nós, contamos com a informação que quiseram nos ocultar (ou pelo menos, boa parte dela). As redes sociais são uma efervescência de causas, muitas delas médio ambientais, e somos mais conscientes do que nunca da importância do comportamento individual.

Na atualidade, somos milhões os que tomamos por questão pessoal indagações universais, pois sabemos que o pensamento materialista que abre uma fresta entre nós e a natureza está nos destruindo.

Já não aceitamos, feito robôs, os venenos que a indústria alimentar quer fazer passar por alimento saudável, conhecemos os efeitos secundários dos medicamentos oficiais, e, a cada dia são descobertas novas mentiras e manipulações relacionadas a questões farmacêuticas. Muitas vozes pedem pelo regresso ao genuíno, ao autêntico, ao natural em definitivo. Muitas almas sentem potente chamada para regressar ao "lar". É essencial para o nosso bem-estar físico e equilíbrio psíquico voltar a nos fundir com o mundo natural.

Considerando-se que os avanços tecnológicos permitem se trabalhar praticamente de qualquer local, cada vez mais pessoas instalam-se em áreas rurais ou locais vizinhos ao mar.

Há no ambiente crescente fobia à vida nas grandes cidades ao tempo que cresce gradativamente o interesse pela reciclagem, autossustentabilidade e permacultura. São milhares aqueles que sonham com a própria horta, e há protestos massivos para defender as matas e os animais em perigo. E ainda acrescento: há apenas alguns anos uma iniciativa impensável: lemos as etiquetas! Parece que é um dado anedótico, mas é na verdade um avanço transcendente o fato de que o ser humano se interessa em saber o que come, o que veste, de onde e como foram obtidas as matérias-primas, e, ultimamente até inclusive em quais condições trabalharam os que participaram no processo.

Essa nova perspectiva provoca notável aumento na demanda de frutas e verduras orgânicas, alimentos com certidão ecológica e na demanda de atividades de ócio relacionadas ao contato com a mãe terra (viagens a locais remotos ainda não danificados pelo homem, rafting, trilha, excursões de balão...). Além disso, existe crescente interesse pelas terapias alternativas e pelos médicos de mente aberta que abordam as doenças a partir do enfoque holístico. Tudo isso, como era de se esperar, está refletindo no ambiente político.

Os grupos ecológicos e os partidos verdes estão sendo cada vez mais respeitados pela opinião pública, e isso está exercendo pressão sob o resto dos partidos, inclusive sobre os mais neoliberais, que se viram obrigados a "redondear" os seus programas com medidas ambientais que certifiquem um modelo de desenvolvimento respeitoso com o mundo natural (embora na maioria das vezes seja por puro marketing eleitoral).

Nosso estilo de vida consumista nos faz esquecer de que a natureza é a fonte fundamental de nossa existência na Terra. Proporciona-nos alimento, roupa, medicinas, a matéria-prima de nossas casas, o combustível para nos esquentar e praticamente cobre todas as necessidades básicas. Mas, não é apenas um mercado: é também um lar, um lar adequado com a nossa fisiologia que cumpre alguns quesitos concretos, sem os quais não poderíamos sobreviver. Se o sol sumisse, ou apodrecessem todas as árvores do mundo nós morreríamos rapidamente, feito mosquitos encharcados com inseticida.

O que está acontecendo na Amazônia não afeta somente as tribos ali assentadas, senão a cada um de nós, onde quer que moremos.

O que está acontecendo não se refere a um simples dado de algo que acontece em local remoto, antes devemos tomá-lo como um drama pessoal.

O poeta John Donne assim se expressou já no Barroco:

Nenhum homem é uma ilha isolada. Cada homem é uma partícula do continente, uma parte da terra; se um torrão é arrastado para o mar, a Europa fica diminuída, como se fosse um promontório, como se fosse a casa dos teus amigos ou a tua própria. A morte de qualquer homem me diminui porque estou ligado à humanidade; por causa disso nunca faças perguntar por quem é que dobram os sinos: dobram por você.

Cada árvore, com a sua majestosa presença, lembra-nos de que os mistérios da existência estão além de nosso entendimento, e que para chegar a apreendê-los devemos primeiramente respeitar a vida.

Cada árvore é a sua árvore.

II

AS ÁRVORES NA TRADIÇÃO, NA MITOLOGIA E NA RELIGIÃO

Desde tempos ancestrais, a árvore está associada simbolicamente ao poder, à sabedoria e à fertilidade, e seu valor arquetípico é evidente nos mitos, tradições e ensino espiritual de todas as culturas. Pode-se dizer que no ser humano há algo inato que o conecta à árvore em nível profundo, atávico.

Totens, árvores sagradas e árvores simbólicas

Os celtas são o exemplo mais puro dessa simbiose.

Não surpreende, já que o habitat natural do povo celta era constituído de enormes extensões arbóreas, espessíssimas florestas milenares.

As árvores não apenas lhes serviam de proteção, proporcionando-lhes fogo e alimento, mas também constituíam a arquitetura natural dos seus locais sagrados. O *nemeton*, ou local sagrado, era, usualmente, presidido pela árvore mais imponente da mata, árvore de imenso tronco que marcava o local onde devia se estabelecer o dito *nemeton*.

Essa simbiose era tão estreita que os druidas eram capazes de sentir e diferenciar os campos energéticos de cada espécie e de cada exemplar, e até consideravam a sorte do *zodíaco arbóreo*, segundo o qual a data do nascimento marcava a árvore sob cuja influência nascia-se, e os rasgos caracterológicos marcavam o indivíduo devido a tal circunstância. Desse modo, os druidas estabeleceram uma classificação com vinte e um signos.

A trilogia mágica por excelência era composta pelo carvalho, o freixo e a acácia, considerados sagrados. Até certo ponto, cultuava-se os galhos de alguns exemplares considerados intocáveis, embora a ação das geadas e a escassez de lenha.

Entre as frutíferas, as mais veneradas eram a aveleira e a macieira. A energia da primeira fornecia sabedoria e fertilidade, e à segunda atribuía-se o símbolo da vitalidade e da juventude.

Cada tribo tinha a sua própria árvore sagrada, seu totem, que se convertia em objetivo prioritário perante alguma contenda intertribal. Ao ser destruído, acabava-se o vínculo entre o inimigo e os deuses, se houvesse fé absoluta no poder enfraquecedor da estratégia.

Do outro lado do planeta, em épocas ainda mais remotas, o cosmos era representado por uma árvore invertida; as raízes acima, assinalando a única origem, Deus, e os galhos estendidos para abaixo simbolizando os diversos planos da criação. Estou me referindo à Índia, onde a fecunda e atraente veneração à árvore, enquanto elemento sagrado, remonta à antiga civilização do Vale do Indo.

O nemeton

Os primeiros mestres védicos lecionavam nas florestas, e os discípulos recebiam a instrução embaixo da sombra e da magnífica proteção das árvores. Por essa razão, não nos surpreende que os hinos dos vedas estejam repletos de referências às árvores e plantas e aos espíritos que moram em seu interior.

No hinduísmo, quase que se podia falar de certa mitologia arbórea, onde diversas espécies associavam-se a determinadas divindades. Como a árvore Bael, cujas folhas trifoliadas representam as três funções do todo-poderoso Shiva: criação, preservação, destruição. Ou a árvore Peepal, que pode ser achada em praticamente todos os templos do Sul, associada ao senhor Visnu, um dos deuses mais importantes do hinduísmo, preservador da bondade. Ou a árvore Bhang que traz riqueza e prosperidade, ou a árvore do bambu que representa Krishna. São apenas alguns exemplos.

A história de Buda também está estreitamente ligada às árvores desde o momento do seu nascimento, até o momento de sua morte, passando pelo acontecimento crucial de sua vida: a iluminação. Sua mãe, Maya, ao sentir as dores do parto encaminhou-se ao jardim de Lumbini para dar à luz embaixo da árvore *asoka*, segurando com sua mão um galho, como se naquele momento a árvore se tornasse viva para assisti-la. E anos mais tarde, o príncipe Siddharta atingiria a iluminação embaixo da árvore *fícus religioso* (a *figueira sagrada, a árvore bodhi*), depois de tê-lo cercado sete vezes e de lhe ter oferecido sacrifícios.

E quando em suas horas finais sentiu que a vida o deixaria, pediu para seu assistente e monge Ananda que lhe acompanhasse em uma mata sagrada – porque do mesmo modo que tinha encarnado embaixo de uma árvore sagrada tinha de abandonar seu corpo nas mesmas circunstâncias – dizendo-lhe:

Prepara uma cama para mim, eu te peço, com a cabeceira para o Norte entre as duas árvores gêmeas. Estou cansado e gostaria de deitar.

Conta a tradição que deitou gentilmente embaixo das árvores e após atingir um estado de profunda meditação, morreu. E também se diz que seu corpo ficou sepultado por centenas de flores que brotaram logo dos galhos e choveram sobre ele, misturando-se com aquelas que os deuses deixaram cair desde os céus.

No antigo Egito, o sicômoro – que curiosamente também pertence ao gênero dos fícus – era objeto de veneração e possuía grande carga simbólica. Simbolismo diretamente relacionado com a extraordinária resistência de sua madeira. A madeira dessa árvore é incorruptível, daí que seja lógico que uma religião carregada de símbolos e metáforas o associasse ao renascimento, à regeneração e à vida eterna. Por causa disso, denominavam-na "a árvore das múmias", e a sua madeira era utilizada para elaborar os sarcófagos.

A deusa Vaca Hathor, que criou o mundo e tudo no que nele mora, é conhecida como *a senhora do sicômoro* porque escondida em sua folhagem recebia os mortos e lhes oferecia a água e o pão de boas-vindas que garantiriam a vida após a morte.

No *Livro dos Mortos* há numerosas referências a essa árvore sagrada; reproduzo aqui uma frase especialmente ligada ao tema que nos ocupa:

Abracei o sicômoro e o sicômoro protegeu-me;
As portas da Duat foram-me abertas.

E acontece que, graças à ajuda da árvore sagrada, as almas voltavam ao seio do mundo divino, metáfora perfeita do poder curador das árvores que trataremos em detalhe nos próximos capítulos.

Na mitologia grega, a cada divindade atribuía-se determinada árvore. Conhecendo bem as características associadas a cada árvore as relações não resultam arbitrárias. Como podemos ver em alguns exemplos, a Zeus corresponde-lhe o carvalho (que atrai poderosamente o raio). A Poseidon o freixo (existia a crença de que os raios jamais caem sobre ele, daí considerá-lo protetor dos homens do mar). À Atena a oliveira (os deuses outorgaram à Atena a consagração da cidade de Ática porque fez brotar nela sua primeira oliveira, o mais valioso presente. A cidade passou a se chamar Atena, e a oliveira foi venerada na Acrópole). A Apolo o louro (Apolo abraça Dafne enquanto ela, resistindo, converte-se em louro:

Se não podes ser minha amante – jurou o Deus – serás-me consagrada eternamente.

As suas folhas serão sempre verdes e com elas coroar-me-ei.

A Dionísio a videira (o deus que ensinou aos homens a cultivar a videira e a fazer o vinho).

À Perséfone o álamo (Perséfone transformou a ninfa Leuce em álamo, após a dita ninfa ter sido violentada).

De um carvalho saíam as revelações do oráculo de Dodona, consagrado a Zeus.

Diversos autores, dentre eles Ovídio, referem-se em seus textos aos *carvalhos falantes*.

Para os gregos, a oliveira igualmente tinha importância especial não apenas como fornecedor da preciosa azeitona e do seu azeite, mas também e talvez, em consequência disso, como árvore totêmica.

As associações são muito similares na mitologia romana em que sobram as ninfas transformadas em árvores e arbustos em momentos de máximo perigo.

Como árvore sagrada, cabe mencionar particularmente a figueira, venerada no foro romano, devido à lendária figueira que deteve os gêmeos Rômulo e Remo, salvando-os de morrer afogados nas correntes do Rio Tibre.

Seja na Bíblia ou no Alcorão, a árvore tem notável presença.

Falaremos mais adiante da árvore da vida e da árvore do conhecimento.

Para os muçulmanos xiitas, além disso, uma árvore simbolizava o estado de graça em que o místico se une à verdade suprema. Trata-se de uma árvore imensa que ascende além do sétimo céu.

Porém, sem dúvida, a religião que mais se identifica com o mundo das árvores é o taoísmo (se por acaso pode-se considerar religião, eu o vejo melhor como filosofia ou como cosmologia). O *tao* é um fluxo que no universo flui devagar, porém nunca para e é incomensuravelmente poderoso. Esse fluxo é aquilo que mantém o equilíbrio no universo. Manifesta-se através das mudanças estacionárias e dos ciclos vitais. O *tao* é a lei de tudo. Quem segue o *tao* se faz um com o *tao*.

Se o *chi* (termo chinês definido como *vapor, fôlego ou energia*) é a energia, pode-se dizer que o *tao* é fluxo de *chi*. Partindo dessas premissas, seria inevitável que o taoísmo e as árvores se encontrassem.

Nós voltaremos a falar sobre o *tao* nos capítulos dedicados às energias curativas das árvores.

As três visões arquetípicas das árvores

No *Gênesis* conta-se o modo que Deus enfeitou o jardim do Éden com belíssimas árvores carregadas de suculentas frutas. Dentre essas árvores destacavam-se duas: a árvore da vida e a árvore do conhecimento, arquétipos que, junto à terceira, *a árvore cósmica*, encontram-se em mitos, tradições e ensinos espirituais de todas as culturas do Globo.

A árvore da vida

A árvore para as culturas antigas encarnava a regeneração (pôr os ciclos estacionais e o contínuo ressurgir das folhas e frutos traz o apocalipse do inverno) e a eternidade (pela sua longevidade e a folhagem perene de inúmeras espécies). Por essa razão, em muitas mitologias reconhece-se a árvore como portadora de imortalidade, como o *P'an Motu* dos chineses, que oferece os pêssegos da imortalidade, considerado um elemento imprescindível e poderoso em inúmeros mitos da criação.

A árvore da vida, em muitas cosmologias, é resguardada por monstros, como a árvore das hespérides, e, a vitória sobre essas criaturas costuma significar uma metáfora de iniciação.

Em diversas mitologias africanas conta-se que o homem nasceu de uma árvore, e certas tribos falam, desde tempos ancestrais, de um herói lendário cujo nome, *Heitsi-Eibib*, faz referência à *grande árvore*.

Na mitologia escandinava, a árvore da vida era o grande freixo Yggdrasil, uma árvore imensa que une o céu com a terra, cujas raízes adentram o submundo e cujos galhos acolhem os deuses.

As dez *sefirot*, aliás as dez esferas da cabala são representadas como cachos de frutas que pendem da grande árvore da vida, também chamada árvore sefirótica, e simbolizam os atributos divinos. As linhas que enlaçam essas dez esferas representam as fases da viagem da alma para a eternidade.

Na tradição hindu, os galhos da árvore da vida simbolizavam as comunidades primigênias que cresceram puras junto ao Criador, e as folhas representam nós, seres humanos.

Esses são apenas alguns exemplos das diversas concepções do arquétipo da árvore da vida, mas como mencionado inicialmente, são numerosas e aparecem em todas as mitologias do planeta.

Representação da Árvore da Vida

Para finalizar, gostaria de comentar o paradoxo que esse símbolo contém em si, e que explicaria as múltiplas representações existentes da árvore da vida em posição invertida. Representação em que as raízes se estendem para o céu, e os galhos adentram a terra. Assim aparece nos textos védicos e nos *upanishads*. E os curandeiros de algumas tribos australianas costumavam plantar uma árvore na posição invertida para que presidisse seus rituais de cura.

Há inúmeros e diferentes exemplos. O paradoxo incide no fato de as árvores, ainda que absorvam a energia vital da terra, não a transmitam dessa forma aos seres humanos que recebem essa energia cósmica das divindades celestiais: ao se inverter a árvore, o divino passa das raízes ao terrenal.

A árvore do conhecimento

As árvores também encarnam o dom da sabedoria.

Em algumas tradições, a árvore do conhecimento aparece como canal e eixo para atingir a referida sabedoria.

Porém, na tradição judaico-cristã tem conotação negativa ao ser associada ao pecado original e à expulsão do paraíso.

Não obstante, assim como esclareceu Santo Agostinho, grande pensador do cristianismo, os frutos não eram ruins em si mesmos. Do mesmo modo, acontece com o conhecimento, dependendo do uso pode-se converter em bênção ou arma terrível. Por essa razão, a árvore do conhecimento é também chamada árvore do bem e do mal.

Mas, ao afastarmos as interpretações religiosas carregadas de culpa e penitência, a árvore simboliza a procura do conhecimento (para as alturas com sua ramagem e para o mais fundo e obscuro com suas raízes), sua longevidade permite-lhe acumular experiência, e sua imobilidade – paciência, estoicismo e observação, três elementos fundamentais da verdadeira sabedoria.

Na linha da árvore do conhecimento, entendida como árvore da sabedoria, temos um exemplo espacial e temporalmente mais próximo, mas que bebe suas águas dos simbolismos ancestrais. No século XIII, São Luís, rei da França, celebrava todos os julgamentos ao pé de um carvalho centenário, confiante em sua inspiração. E remetendo, ainda uma vez, à sabedoria africana, muitas tribos escolhem uma árvore sagrada como ponto de encontro onde os anciãos celebram suas reuniões para tomar as mais importantes decisões sobre os assuntos da comunidade. Trata-se da *árvore da conversa*.

A árvore cósmica

Nos livros sagrados dos maias, conta-se que os deuses se trasladavam pelo interior do caule das quatro árvores cósmicas que, como se fossem colunas, seguravam o céu. Ascendiam e descendiam por essa via de união entre os céus e o submundo; e também entre o ser humano e o mundo sobrenatural.

Essas árvores e a grande árvore central são alguns dos elementos principais da cosmologia mesoamericana (olmecas, maias, teotihuacanos, zapotecas, mixtecos, nauas...), um dos alicerces imprescindíveis de sua religião. Para eles, a grande árvore cósmica central era o eixo do mundo, e o soberano era esse eixo feito carne. Por causa disso, nas representações de entrega de poder de um soberano ao seu sucessor, as figuras apareceriam aos lados dessa árvore, e também por essa mesma razão as figuras de sangue real eram representadas como híbridos entre humano e árvore florescida.

Na obra *Livro de Chilam Balam de Chumayel* enumeram-se as quatro personificações matriarcais das quatro árvores que presidem as esquinas do mundo: a mãe ceiba branca ao norte, a mãe ceiba amarela ao sul, a mãe ceiba vermelha ao leste, e a mãe ceiba preta ao oeste. Nas narrações mitológicas dos deuses Tezcatlipoca e Quetzalcóatl transformam-se em árvores. Dita transformação representa uma fusão dos troncos de natureza oposta (a masculina, celeste, luminosa e seca com a feminina – aquática, obscura e úmida) que se integram para formar a árvore cósmica.

Na cosmologia chinesa encontramos duas árvores equivalentes: o *kien-mou* e o *k´ong-sang*. As similitudes a respeito da concepção são impressionantes. Pelos seus troncos também ascendem e descendem os soberanos como intermediários entre os céus e a terra, entre os deuses e os homens. O *k'ong-sang* é uma amoreira oca que simboliza o *tao*, a ordem cósmica universal.

Árvore chinesa kien-mou

Na cosmologia mesopotâmica, a árvore cósmica seria o *kiskanu,* e na persa o celestial *gaokarana* e seu reflexo na terra o *haoma*.

Tradições relacionadas com as árvores

As árvores de folha perene estavam sempre presentes nas ancestrais celebrações do solstício de verão de muitas culturas. As festas dedicadas à chegada da luz, após larga escuridão do inverno, eram acontecimentos alegres que falavam da sobrevivência e do renascimento. Os egípcios, por exemplo, enfeitavam suas casas com folhas de palmeira.

Do mesmo jeito, os romanos enchiam pátios e lareiras com galhos de folha perene, normalmente de coníferas, para comemorar a saturnal.

A tradição xintoísta afirmava que as divindades moravam na folhagem das árvores, por essa razão e até hoje ao chegar o ano novo os japoneses colocam uma árvore em ambos os lados da porta de seus lares com a finalidade de atrair suas bênçãos.

A renovação sazonal constante é o motivo pelo qual, em muitas tradições, as árvores são símbolo de fertilidade.

Quando se viaja pelo Oriente pode-se achar árvores carregadas de oferendas, com frequência lenços vermelhos, que as mulheres com problemas de esterilidade deixam ali, esperançosas. Em alguns pontos do sul da Índia pratica-se um belo ritual para garantir a descendência dos casais de recém-casados.

O noivo e a noiva plantam árvores sagradas uma ao lado da outra e as protegem com uma cerca para que possam crescer unidas e florescer em segurança. Segundo a crença, sua fertilidade garante a fertilidade do casal. Algo parecido se pratica em algumas tribos africanas, que acreditam que se os casais se casam primeiro com uma frutífera exuberante e generosa, trarão ao mundo quantos filhos quiserem.

Há uma tribo australiana – esse é o meu exemplo favorito – que acredita que o espírito das crianças, do tamanho de um grão de areia, encontra-se no interior de certas árvores, de onde se desprende para penetrar, pelo umbigo, no ventre materno.

Talvez, a tradição mais atrelada às árvores que parece mais familiar e próxima seja a da árvore de Natal. A primeira referência encontra-se na Alemanha por volta do século XVI. E, conta-se que no XVII em Estrasburgo o costume de enfeitar as árvores com papéis de cores, frutas e presentes muito prosperou. O costume foi-se estendendo por parte da Europa e a partir daí os colonos levaram-no para a América, de onde, séculos depois, já envolvido em todo segmento comercial, estender-se-ia praticamente para o mundo todo.

Em muitas culturas é tradicional plantar uma árvore assim que nasce uma criança, para que árvore e criança cresçam e floresçam ao mesmo tempo. E na mesma linha de pensamento costuma-se plantar árvores para assinalar o nascimento de nova ordem.

Como aconteceu na França, onde após a Revolução plantaram-se sessenta mil "Árvores da Liberdade". Os belgas também plantaram árvores para celebrar sua independência em 1830. E diversos países adotaram uma árvore como emblema ou motivo principal da bandeira. Assim também o Líbano adotou o cedro-do-Líbano, a África do Sul o baobá, o Canadá que ostenta a folha do bordo.

III

A CURA VIBRACIONAL

Há pouco tempo, o modelo newtoniano mecanicista do universo nos mantinha presos a uma visão determinista segundo a qual o espaço em geral e o nosso mundo em particular compõem-se de partículas sólidas e indestrutíveis, governadas por leis imutáveis.

De acordo com esse modelo, todos os fenômenos físicos são de natureza causal e nele concebe-se ao homem e à natureza como elementos separados susceptíveis de serem descritos objetivamente segundo o que percebemos através de nossos *infalíveis* sentidos.

No campo da medicina, esse é o modelo aplicado por aqueles profissionais que concebem o organismo humano tal qual mera máquina biológica, governada pelo cérebro e pelo sistema nervoso.

Essa concepção do universo e do ser humano foi considerada verdade absoluta durante séculos e somente quando, graças a Einstein, a energia passou a fazer parte da grande equação, o assentadíssimo paradigma newtoniano começou a perder força.

Albert Einstein defendeu cientificamente que há apenas uma substância universal e que tudo e todos somos formados de tal substância. Isto é, que nós, seres humanos, somos em micro aquilo que a galáxia é em macro, ou como alguém expressou poeticamente:

... todos nós somos feitos de pó de estrelas.

De acordo com essa ideia, não somos corpos sólidos, somos energia em contínua vibração e, portanto, o tratamento de qualquer mal há de ser em nível energético e vibracional. É a dimensão espiritual a que anima o "mecanismo" da máquina (uso esse termo para facilitar uma ponte de transição entre o modelo newtoniano e o modelo quântico); a chave está na conexão entre o corpo físico e as energias sutis, entre o que percebemos como matéria e aquilo que é a realidade energética da tal matéria.

A única medicina compatível e coerente com o modelo quântico seria, portanto, uma medicina holística baseada na profunda inter-relação existente entre corpo, mente e espírito. Uma medicina que leva muito a sério as leis naturais que governam o planeta. E nesse contexto é que, precisamente, as energias curativas das árvores ganham sentido e razão. A cura vibracional contempla qualquer meio capaz de transmitir a energia – a vibração – curadora, desde o canto gregoriano até a homeopatia, passando por vasta e fascinante lista de terapias "alternativas".

Dentre elas, a terapia floral do doutor Bach, para quem qualquer tratamento se passava sempre pela cura da "alma". E as descobertas do meu admirado doutor tem tudo a ver com o tema deste livro, já que muitos dos seus remédios provêm das árvores: nogueira (proteção à mudança e influências não desejadas), oliveira (esgotamento após esforço físico ou mental) ulmeiro (pessoas agoniadas pelas responsabilidades), lariço (falta de confiança), castanheiro (incapacidade de aprender com os erros), faia (intolerância), choupo-tremedor (medo, ansiedade de origem desconhecida), pinheiro (culpa), macieira silvestre (sensação de sujeira física ou psíquica, vergonha), salgueiro-chorão (autocompaixão, ressentimento).

Além disso, os métodos de elaboração de referidos remédios estão voltados às energias próprias de cada planta.

Energias únicas, não repetíveis em cada espécie.

A maioria prepara-se utilizando o método do sol, que consiste em deixar as flores boiar em água pura durante três horas, recebendo diretamente a luz solar.

Porém, para algumas plantas (mais lenhosas) utiliza-se como melhor opção o método da ebulição.

Mas, seja de um modo ou de outro, assim que o calor transfere a energia das flores à água, a água energizada mistura-se à igual quantidade de licor (*brandy*) para obter a solução química. Isto é, a chave está na energia da planta: energia que harmoniza, energia que equilibra. Em definitiva: energia que cura.

Na rede que permite e conecta a existência toda há formas de energia que atuam beneficamente sobre aqueles sistemas energéticos que sofrem com algum desequilíbrio (o que conhecemos como doença).

As árvores e suas poderosas energias sutis seriam desse grupo.

A árvore e também o humano emitem vibrações energéticas constantemente.

Ditas vibrações podem ser absorvidas e assimiladas quando entramos em sintonia com elas.

As revolucionárias teorias do biólogo Rupert Sheldrake concluem que para acessar a grande memória coletiva é necessário voltar a sentir a natureza em sua dimensão toda:

> *Que as minhas mãos respeitem as coisas que você fez, que os meus ouvidos estejam atentos à tua voz.*
>
> *Faz-me sábio para poder saber as coisas que ensinaste à minha gente, às lições que tens escondido em cada folha e em cada pedra.*

Oração ameríndia.

IV

ENERGIA CURADORA DAS ÁRVORES

O termo "holismo" deriva do vocábulo inglês *whole* ("todo") e sua exata definição viria a ser *doutrina que promove a concepção de cada realidade como um todo diferente da somatória das partes que o compõem.*

Aplicado ao tema que nos ocupa, – a natureza – vamos dizer que o holismo rejeita que os fenômenos naturais possam se reduzir a simples leis físico-químicas, uma vez que essas não são suficientes para explicar o fenômeno vital todo.

E por que não são suficientes?

Porque os sistemas organizados, hierarquicamente, mostram propriedades que não podem ser compreendidas mediante o estudo de partes isoladas, a não ser em sua totalidade e interdependência.

A natureza é um todo indivisível, uma urdidura de relações que fazem parte de um processo cósmico.

Na atualidade, grande número de prestigiosos biólogos afirma que a árvore é um ser social e, além disso, surpreendentemente compassivo e solidário.

Há fascinantes pesquisas que demonstram que as árvores alimentam os vizinhos que adoecem ou enfraquecem, subministrando, por meio das raízes, uma solução de açúcares.

Em um belíssimo e impactante estudo feito no Canadá isolou-se um grande abeto sem qualquer acesso à água. E o que foi que aconteceu? Algo incrível: os abetos, próximos a ele, passaram-lhe seus nutrientes durante anos para que não morresse!

Esse instinto de proteção também se reflete em certo comportamento que muitos biólogos igualam ao cuidado parental observado nos animais de grau mais evoluído.

As árvores jovens precisam entre dez e quinze anos para atingir altura que lhes permita fazer a fotossíntese de maneira suficiente. Pois então, se a floresta for muito frondosa, durante esse lapso de tempo essas árvores serão alimentadas pela sua família arbórea. Quase que se pode dizer que protegem sua descendência.

Referente ao comportamento social, uma das descobertas mais chamativas é sobre as comunicações.

Hoje, sabe-se que as árvores se comunicam a distância quando detectam a presença de algum agressor, e fazem-no lançando determinados compostos orgânicos voláteis, feito um sinal, para que suas vizinhas preparem uma barreira tóxica protetora.

O ser humano intui (ou lembra) essa essência protetora e paternal das árvores.

Nós sabemos o quanto são poderosas, e sua presença nos faz sentir seguros. Mas, junto a essa prazerosa sensação de proteção percebemos algo mais e indefinível. Algumas filosofias, como no caso do taoísmo, aprofundaram nessa espécie de "mágica".

Os mestres do *tao* sabiam que além de transformar o dióxido de carbono em oxigênio, as árvores têm a generosa capacidade de absorver as vibrações negativas e transmutá-las em energia sã. São curadoras vibracionais poderosíssimas, uma vez que canalizam não apenas a energia da terra, mas a energia dos céus.

Para entender a possibilidade de cura através das árvores, primeiramente, temos de entender e assumir a nossa autêntica natureza. Somos muito mais do que um corpo, muito mais do que um organismo biológico.

Nossa natureza essencial é o espírito; na verdade somos uma presença energética que mora em uma forma física. Seja a doença orgânica, seja o transtorno mental e emocional sua origem está no corpo energético: é lá onde deve ser curado. E o mais importante que você tem para inferir dessa afirmação é que você não é uma vítima indefesa, porque em suas mãos – em sua essência – está a chave de sua cura.

Os corpos energéticos

É evidente que existe "algo" que transmite informação entre nossos pensamentos e nosso corpo físico. Não sendo assim, como é possível entender as respostas físicas frente às emoções fortes, como: nó na garganta ou no estômago, confusão mental quando experimentamos dor, boca seca, suor e, em casos extremos, somatizações extraordinárias?

Pois então, essa conexão tão óbvia realiza-se através de nossos corpos energéticos, que em algumas tradições são igualmente conhecidos por corpos sutis. À diferença do corpo físico, nós não podemos sentir a substância desses corpos, mas sim seus efeitos. As mudanças registradas nesses corpos afetam o corpo orgânico, e ao contrário também por compartilharem o mesmo centro.

Ao nosso ser convivem o ego e o eu superior. O ego, que contém nossos padrões de pensamento e ação, estaria composto por três corpos:

1. Corpo físico: o *reconhecido* pela medicina tradicional e o único que desperta o interesse da maioria dos pesquisadores.

2. Corpo emocional: o corpo que acolhe nossas emoções.
3. Corpo mental: o corpo que acolhe nossos pensamentos.

Nosso eu superior, fonte de nossa sabedoria interna, ficaria formado por:

1. Corpo causal: a prateleira que contém todas as lembranças de nossa experiência *álmica*.
2. Corpo espiritual: nossa autêntica natureza. É aquele que, dentre todos os corpos energéticos, possui mais frequência de vibração. Por meio dele, experimentamos a unidade com a vida.

Os corpos energéticos irradiam um campo eletromagnético visualmente imperceptível, conhecido por *aura*.

De acordo com nossa explanação, tudo no universo é vibração. Por essa razão, a aura também é vibração, uma vibração energética que envolve, feito um halo, o corpo físico. A aura é uma emanação: nossa assinatura espiritual.

O manto áurico tem forma oval e estende-se desde o corpo em todas as direções a uma distância aproximada de um metro.

Três mil anos antes de Cristo, os maharishis da Índia já falavam em seus livros sagrados do "prana":

um corpo etéreo, justaposto ao físico, que eles podiam captar graças à sua capacidade de percepção extrassensorial. O *prana* seria o equivalente ao *Kí* no Japão e ao *Chí* na China. Essa energia na Cabala é conhecida por "luz astral".

Os corpos energéticos estão formados por uma rede de canais de energia conhecidos pelo nome sânscrito de *nadis*. Nos pontos de interseção desses canais formam-se vórtices de energia denominados chakras que recebem, acumulam, transformam e distribuem a energia. São mais densos do que a áurea, mas nem tanto quanto o corpo físico, com o qual interatuam através do sistema nervoso e o sistema endócrino (cada chakra está associado a uma glândula endócrina e a um plexo nervoso, quer dizer, cada chakra relaciona-se com funções orgânicas concretas). Mas também e, acima de tudo, os chakras estão relacionados com partes concretas da consciência, com qualidades específicas. E quando há bloqueio de um deles, o órgão e as qualidades implicadas também fazem-no impedindo que a energia flua, o que pode gerar problemas físicos, psíquicos e/ou emocionais.

Os sete chakras principais e suas correspondentes energias

1. Raiz (*muladhara*): instintos vitais básicos, sobrevivência, conexão com a terra.
2. Sacro (*svadhisthana*): prazeres, sexualidade, desejo.
3. Plexo solar (*manipura*): poder, determinação, vontade.
4. Coração (*anahata*): amor, compaixão, empatia, devoção.
5. Garganta (*vishuddha*): expressão, comunicação, autoexpressão.
6. Terceiro olho (*ajna*): inteligência, percepção, intuição, clarividência.
7. Coroa (*sahasrara*): conexão com a divindade, inspiração, transcendência, iluminação.

Como trazer à consciência os seus corpos energéticos

Ao contrário dos corpos físicos, nossos corpos emocionais não se diferenciam muito uns dos outros. Essencialmente, nossas emoções e nossas pautas de pensamento são bastante similares embora os temas que as provoquem sejam totalmente opostos. Em termos gerais, o ser humano é fartamente consciente de seu corpo físico, não muito de seus sentimentos, muito menos de seus padrões de pensamento e praticamente nada consciente de sua essência espiritual. Acreditamos que conhecemos a verdadeira natureza de nossos sentimentos e pensamentos porque experimentamos seus efeitos e vivemos com eles, é como se acreditássemos conhecer o funcionamento e a essência das micro-ondas somente porque sabemos qual é o botão para ligar o nosso forno.

Existem interessantes exercícios criados para detectar e sentir os corpos energéticos.

Recomendamos especialmente um exercício muito básico, mas útil, criado para praticantes do Reiki. Compõe-se de onze simples passos:

1. Procure um local tranquilo e agradável onde não venha a ser interrompido. Sente em uma posição cômoda e faça algumas respirações profundas.
2. Coloque as mãos juntas, na clássica posição para rezar, à altura do coração.
3. Visualize como a energia entra através de seu chakra. Logo, começará a notar leves cócegas nessa área.
4. Visualize e sinta a energia fluir por todo o seu ser.
5. Esfregue as palmas das mãos até que as sinta bem quentes, você notará de novo certo formigamento.
6. Sacuda suas mãos ritmicamente com os pulsos relaxados.

7. Faça o mesmo exercício com os braços, mantendo os cotovelos relaxados.
8. Volte a colocar as mãos na posição inicial (juntas, na clássica posição para rezar) e imediatamente separe-as devagar, aproximadamente cinco centímetros.
9. Sinta a energia que emana agora de suas mãos, notará formigamento e calor nas palmas. Relaxe e deixe que flua. Sinta calmamente.
10. Separe as mãos mais um pouco e logo após volte a juntá-las. Repita um par de vezes e sinta a energia palpável.
11. Crie uma esfera de energia com as mãos, como se fosse uma espécie de sutilíssima *lama* energética, e quando conseguir senti-las com clareza introduza-as no seu chakra cardíaco sem deixar de sentir o doce calor que emana delas. Recrie-se na paz que vai lhe invadir.

Com um pouco de prática e aplicando exercícios como o indicado acima é possível aprender a registrar aquilo que acontece em seus corpos energéticos. Algo útil demais e que pode mudar a vida. Por estarmos tão acostumados a viver no plano mental não percebemos como nosso enraizado sistema de crenças na verdade nos impede de pensar livremente.

É muito fácil deixar-se enganar pela mente, e embora seja ela que se encarrega de resolver cada problema que enfrentamos não devemos considerá-la o único caminho, e muito menos um caminho infalível. Na minha opinião, a chamada "razão" está megavalorizada. Pode ser, por estarmos baseando o nosso comportamento todo em crenças erradas como, por exemplo, a ideia de que amar a nós mesmos e focar em nossas necessidades é algo criticável, algo que chamamos de "egoísmo" e que tem claras conotações negativas. Por essa razão, que comentava como é útil aprender a registrar aquilo que ditam os nossos corpos energéticos.

Ao conseguir escutar essa voz que tenta se elevar acima da potente voz mental, poderá contatar com a realidade de um jeito tal que não haverá possibilidade para o engano, já que terá removido, quase sem perceber, o filtro enganador das falsas crenças. As simples sensações não associadas a argumentações são indicadores muito sutis, e diante das perguntas concretas sobre situações específicas é muito provável que as respostas de seus corpos energéticos não coincidam com as respostas de sua mente. Com frequência, as respostas mentais atuam mais como interferência do que como ajuda.

Como decifrar aquilo que os seus corpos energéticos tentam lhe dizer

Ao aquietar a mente, de modo que permaneça na condição de observadora, poderá escutar com clareza aquilo que os seus corpos energéticos estão tentando comunicar. O seguinte procedimento será de grande ajuda para esta prática.

Deite-se em uma posição cômoda, prestando atenção às sensações físicas (temperatura, tensões musculares, comodidade...). Não tente mudá-las, simplesmente registrá-las.

Após ter "escaneado" todas as sensações corporais, visualize algo que provoque prazer. Preste atenção às mudanças que apareçam, qualquer sensação nova, qualquer movimento involuntário e também ao local onde estão registradas as ditas mudanças.

Deixe que a imagem visualizada se dilua, relaxe novamente e volte a checar o estado.

Logo após, pense em algo que resulte desagradável. Volte a prestar atenção às mudanças: Têm a mesma intensidade? Acontecem no mesmo local? Deixe ir embora aquele pensamento, relaxe e volte a escanear as sensações do corpo.

Pense em algo agradável. Registre detalhadamente aquilo que acontece no corpo.

Relaxe e volte ao momento presente.

Ao longo desse exercício você prestou atenção exclusivamente às sensações físicas, e as sensações físicas moram, como é lógico, no corpo físico, o qual compartilha espaço com os corpos energéticos.

Como dissemos, quando começamos a abordar o tema dos corpos energéticos, o corpo físico, o corpo emocional e o corpo mental são a tríade que forma o ego, e o ego é o que contém nossos padrões de pensamento e ação; enquanto o corpo causal e o corpo espiritual compõem o eu superior, que é a fonte de nossa sabedoria interna. Então, nossos desequilíbrios, nossas exaustivas lutas emocionais contra nós mesmos se produzem porque o nosso ego e o nosso eu superior nos ditam direções opostas.

Se não alimentamos a autoconsciência, se não permanecemos atentos, tentando perceber lucidamente tais lutas, podem aparecer sintomas físicos, doenças e incômodos, precisamente para chamar nossa atenção.

Os problemas significam a obstrução do fluxo de nossos corpos energéticos, ou também são distorções que alteram esse fluxo, causados por nós mesmos.

Tais alterações nos corpos energéticos geram disfunções físicas, incômodos orgânicos, fazendo-nos sentir cada vez piores. Infelizmente, ao invés de localizar o nó, fazê-lo consciente, e determos a sua distorção, tendemos a entrar em um círculo autodestrutivo, percorrendo uma e outra vez o mesmo ciclo de pensamentos negativos e sentimentos dolorosos. Assim, a causa desse processo pernicioso não são unicamente nossas emoções, padrões de pensamento ou corpos físicos, melhor diria que a causa primordial reside na forma de interação uns com outros. De fato, aquilo que a doença indica é uma falta de interação entre eles.

Qualquer desequilíbrio nesse complexo processo de retroalimentação pode gerar certa abertura no sistema propiciando a infiltração de bactérias e vírus. E não faço referência à invasão a partir do exterior, falo de invasão desde o próprio sistema.

Vou expor um exemplo muito evidente para ajudar a entender a ideia: nos organismos de todos podem ser encontradas células potencialmente cancerígenas – todos as temos – mas a doença somente se manifesta caso o sistema se encontre enfraquecido.

Por essa razão, na hora de enfrentar clinicamente uma doença é tão errado se centrar exclusivamente no corpo físico – prática da medicina convencional – como se limitar a procurar a causa nos corpos energéticos ignorando completamente o corpo físico.

Antes de passarmos a analisar a doença como oportunidade espiritual, eu gostaria de ressaltar uma questão diretamente relacionada com o argumento central deste livro. Existe outro tipo de doença que não surge da luta interna do indivíduo (ou melhor, da luta entre seu ego e seu eu superior), senão da batalha entre a natureza e o ego coletivo do ser humano como espécie (poluição, criação de animais, consumo de substâncias químicas, seja incorporada aos alimentos processados, seja nos medicamentos, vícios etc.). Não nos esqueçamos de que não ficam doentes somente os indivíduos, mas também temos adoecido como espécie. Temos adoecido gravemente.

A doença e o crescimento pessoal

Em *A doença como caminho*, livro audacioso e revelador como poucos, Rüdiger Dahlke e Thorwald Dethlefsen afirmam que:

> *A doença é o ponto de inflexão no qual o incompleto pode-se completar.*
>
> *Para que isso possa acontecer, o ser humano tem que abandonar a luta e aprender a ouvir e enxergar aquilo que a doença veio para lhe dizer.*

Eu concordo com essa afirmação, palavra por palavra, e se a escolhi para encabeçar esse capítulo é porque resume em poucas e certeiras palavras o enfoque metafísico da doença. Infelizmente, blindada em centenas de preconceitos intocáveis, a visão que ainda prevalece é a mecanicista, segundo a qual a doença é um erro na máquina de nosso corpo, uma falha que precisa ser consertada o quanto antes. Devido a isso, para a medicina tradicional superar a doença significa superar os sintomas. Mas, resulta que o sintoma não é a doença; atacar o sintoma é matar o mensageiro, não o inimigo. O sintoma não é o escolho. É o faro.

Sei que é difícil, mas o primeiro passo para superar a doença é enfrentá-la como um convite a tomar consciência de algo que acontece em nível muito mais profundo. Toda crise física (dor, disfunção orgânica, ferimento...) e toda crise mental podem favorecer o crescimento pessoal. Aquilo que chamamos de saúde é a harmonia dos corpos energéticos, e aquilo que chamamos de doença é uma perturbação nesse mesmo nível que se manifesta no organismo em forma de sintoma. É necessário puxar o fio desse sintoma para percorrer o labirinto até chegar à perturbação e transmutá-la. A natureza vibra e sua vibração cura, porque a vibração percorre esse labirinto e atinge a causa, a origem.

As seis etapas da cura

Quando aparece a doença, nossa reação segue certa sequência estabelecida, que se ativa com a descoberta da doença e que, porém, desde o início está encaminhada para a cura. Isto é, primeiro responde o ego, mas ao conseguirmos transcendê-lo e deixarmos o eu superior tomar o palco, chegará sem dúvida a liberação.

As cinco primeiras fases coincidem com as fases do luto estabelecidas pela psiquiatra Elisabeth Kübler-Ross. Na verdade, essas fases são comuns para qualquer tipo de crise, e dependendo do tamanho da crise podem ser percorridas em minutos ou precisar de anos (as feridas da infância, por exemplo). Explicarei brevemente em que consiste cada uma delas.

1. A negação

Negamos para nos defender.
É o pavor daquilo que nega.
A mente protege-se diante de algo apavorante que pode fazê-la enlouquecer.
"Se nego, não existe".

2. A fúria

Quando o véu da negação cai, vemos a fúria chegar, e com a fúria vem a projeção. Procuramos culpados e descarregamos todo o arsenal contra a família, amigos, médicos…
Por que eu?

3. A negociação

É inevitável, após culpar todo mundo chegarmos até a nossa culpa.

O paciente sente-se terrivelmente culpado e passa a negociar o seu "indulto": se eu me curar farei..., se eu me curar deixarei de fazer...

4. A depressão

Conforme a doença avança, o organismo enfraquece, não apenas pela doença, mas pelos tratamentos que frequentemente são espantosamente agressivos.
Já passou a fúria, e ninguém parece prestar atenção às ofertas da "negociação".
A esperança, então, vai se diluindo como o sal na água e chega-se à depressão.

5. A aceitação

Ao conseguir superar as quatro fases anteriores (fases do ego) e do eu superior, o paciente começa a decifrar a mensagem que traz a doença e passa a introduzir as mudanças nos seus corpos energéticos através de novo enfoque, elevando a vibração.

6. O renascimento

Após a aceitação chegam a mudança, a reinvenção, o reencontro com o verdadeiro ser. A harmonização e, com ela, a cura.
Mas, o indivíduo saudável já não é mais aquele indivíduo que adoeceu, e as mudanças internas vão se manifestar no corpo e na vida, porque como diz uma das leis metafísicas: *Como é dentro, é fora.*

Ao curar os indivíduos, cura-se a humanidade e quando curada a humanidade, cura-se toda a criação.

Após o renascimento, o indivíduo expressa novas qualidades e sente-se libertado. Seu nível de consciência já está ampliado. Essa expansão da consciência é natural quando uma situação nos obriga a fazermos perguntas existencialmente.

As respostas a tais perguntas evoluem com o tempo, dependendo de quem você era e em quem você se converteu.

A evolução até níveis superiores de consciência não é linear, trata-se melhor de uma espiral ascendente.

A cada volta da espiral, sua visão terá mudado porque você evoluiu e, então, pode dispor de novos meios para achar nova resposta.

E assim por diante.

Aproximando-nos da árvore curadora

Você, alguma vez, se sentiu emocionado perante a imagem portentosa de uma árvore?

Sentiu-se invadido por um sentimento de profundo respeito ao penetrar na floresta?

Tem percebido a vida da vegetação?

Seu ser?

São sensações intensas que infelizmente costumam sumir muito rápido. Somem rápido porque a vida que levamos rotineiramente tem nos gerado uma maneira de olhar não compatível com uma percepção profunda da natureza e da unicidade. E essa maneira de olhar tem se eternizado de modo que, se quisermos explorar novas maneiras de conectar, precisaremos empreender esforço focado e consciente.

Aos poucos, passo a passo, seguindo indicações simples e escutando o que tem para dizer a sua intuição mais primigênia, você poderá se aproximar ao mistério das árvores e ao mistério que você mesmo é. Tem de abrir a sua mente e espírito, tornar-se impermeável à nova compreensão do fascinante ser vivo que é a árvore.

Se você conseguir estabelecer contato autêntico experimentará certa união belíssima, difícil de ser expressa em palavras, mas indubitavelmente curadora.

Você aprenderá a procurar a força nelas e a se servir delas toda vez que se sentir carente de energia. Ao precisar aliviar uma dor, superar um mal estado de ânimo ou afugentar uma emoção malsã, simplesmente, você procurará a companhia das árvores porque saberá que somente a presença delas fará você se sentir relaxado e feliz.

Procurá-la

Embora você more no centro de uma grande cidade, com certeza você conhece algum parque, alguma área arborizada, uma floresta na periferia... Percorremos a distância que for para afluir às grandes superfícies comerciais, contudo, essa mesma distância se tornará desculpa para justificar nossa *desnaturalização*. Isso sem contar que, talvez, muito mais perto do que pensamos esconde-se um pequeno "oásis" arborizado.

Aquele local onde você leva o cachorro, aquele local onde seu amigo, às vezes, levanta a pata sobre o tronco.

- Um tronco?
- Você falou tronco?
- Sério?
- É mesmo?!
- O banheiro do meu cachorro é uma árvore!

Sim, e possivelmente jamais você tenha levantado a vista para enxergar suas folhas, seus galhos, sua copa.

E assim, na cegueira triste e frenética da vida urbanizada, frequentemente, as árvores são percebidas como simples paus. Ou melhor, não são percebidas.

Muitas capitais na Europa enfeitam suas avenidas e ruas com centenas de árvores.

Aos pés dos grandes prédios, alinhados em longas calçadas, crescem árvores frondosas que salpicam o asfalto de verde e embelezam o entorno.

A simbiose entre asfalto e folhagem tem um efeito quase redentor, similar ao narrado na fábula *A Bela e a Fera*. Lembro-me de uma viagem a Madri, bela cidade arborizada. Chamou-me atenção a enorme quantidade de árvores que a percorrem de um lado ao outro através de todas as suas ruas, inclusive no centro. Comentei o fato com um amigo que era o meu anfitrião e percebi que até mesmo ele não havia se dado conta dessa peculiaridade da cidade.

Se você perguntar para uma criança, verdadeiramente, citadina de qual espécie é a árvore que tem frente à sua porta, ou quais árvores ornam o pátio de seu colégio ela não saberá o que dizer. É difícil a uma criança da cidade distinguir uma azinheira de uma nogueira. Ela enxerga árvores diferentes, mas não sabe nominá-las. Ao máximo, poderá assinalar abetos e pinheiros, árvores que entram em casa uma vez ao ano e em datas especialmente queridas pelos pequenos.

Esse é o nosso jeito costumeiro de olhar para o mundo que nos rodeia e não ver; de viver com os sentidos adormecidos, de existir em piloto automático. E esse é o jeito que herdam nossos filhos.

A árvore é um ser vivo, VIVO, feito da mesma essência que você e eu fomos feitos, dos mesmos átomos, da mesma energia. Em cada árvore podem-se vislumbrar o poder da natureza e todo o seu mistério. Você precisa – nós precisamos – voltar a conectar com esse poder, e o primeiro passo é tomar consciência da presença entre nós desses seres curadores.

Saia e procure-as, no início basta que você caminhe entre elas. As melhores horas são as primeiras da manhã, antes do meio-dia, mas não permita que essa nota sobre o horário vire uma desculpa para não se soltar. Se nessas horas faz-se impossível por causa do trabalho ou pelo motivo que for, qualquer hora é válida, e os resultados podem ser extraordinários.

Caminhar entre as árvores no silêncio da floresta pode resultar, inicialmente, perturbador para muitos. As árvores, desde a sua poderosíssima presença, parecem observar, perseguir até. É tanta a concentração de energia que podemos desentendê-la e ficarmos em estado de alerta.

Mas, você não deve sentir medo de nada. Essa sensação não é nada, além do que a força da vida. Ao caminhar entre as árvores, você entrará em contato com aquilo que une todos nós, e isso pode revolucionar sua compreensão acerca da própria vida.

Você deve converter esse passeio em meditação; o estado mental no qual passeie pode condicionar a experiência. Deixe em casa a pessoa robotizada que caminha cega carregada de pensamentos enrolados.

Sossegue a mente, não lhe permita revisar o que você fez ontem – ou o que você acaba de fazer – e planejar o que você fará amanhã, enquanto que o momento presente, sem você se dar conta, se dilui feito uma grama de sal. Com o simples fato de passear você já estará absorvendo a energia das árvores, uma vez que todas irradiam um campo vibratório. Campo vibratório que muda em extensão e intensidade dependendo da espécie e da situação. De maneira que, sem perceber, você terá penetrado no raio de ação de uma ou várias árvores.

No seu livro sobre mindfulness, *O hábito do aqui e agora*, Hugh G. Byrne expõe de maneira muito clara a questão abaixo. Imagine duas cenas muito similares, mas bem diferentes.

Cena 1: Você está caminhando na floresta em um fresco dia de início de outono. Enxerga a interação entre a luz e a sombra enquanto o sol brilha através das folhas que balançam na brisa, e sente o ar refrescante no rosto. Você sente o peso de seu corpo sob os pés enquanto caminha pela trilha e sente as batidas de seu coração quando o caminho se faz mais íngreme. Escuta o canto dos pássaros, o zumbido dos insetos e o barulho de um caminhão ao longe. Os pensamentos da vida corriqueira vão e vêm, mas não lhe impedem de desfrutar de seu passeio. Você se sente vivo e presente, aberto à sua experiência e à vida.

Cena 2: Você está caminhando na floresta em um fresco dia de início de outono. Sua mente está presa em preocupações a respeito do trabalho que precisa realizar e o pavor de esquecer algo importante. Sua mente lembra um encontro difícil com seu chefe ocorrido no início da semana e tudo aquilo que esse encontro poderia significar para seu futuro. A esse pensamento seguem-se pensamentos de preocupação sobre as más notas que seu filho adolescente tirou nas avaliações escolares e sobre os amigos com os quais ele esteve saindo. Você examina o telefone à busca de alguma mensagem importante em sua caixa de entrada desde o início do passeio. Consumido por sentimentos de ansiedade, mal é consciente de seu entorno. Semelhante a uma balança, sua mente alterna entre refletir no passado e se preocupar pelo futuro. Se você parasse para prestar atenção ao que está se passando pelo seu corpo, poderia advertir que seus músculos estão tensos e refletem seu estado mental.

Para acessar a cena 1, siga os seguintes passos:

1. Durante um momento, deixe que a mente navegue do jeito habitual. Não a reprima, mas a observe. Escute esse "papo", registre que direções toma, quais pulos dá, onde se detém. Você perderá um trecho da floresta, mas é um bom começo para perceber o passo progressivo

ao estado meditativo e saborear a viagem para a percepção profunda.
2. Foco na respiração. Faça-se consciente dela. Escute-a. Sinta como o ar encosta nas fossas nasais ao sair e entrar. Logo, poderá notar certa calma a invadir o seu ser. Esse segundo ponto é primordial, já que identificar a pauta respiratória habitual e modificá-la (curá-la) conscientemente é condição imprescindível para se abrir correta e completamente à experiência toda que segue.

- Onde diríamos que respira?
- Na garganta?
- No peito?
- No diafragma?...
- Enche plenamente os pulmões?
- Na média?
- Apenas?
- Em qual ritmo?

Embora e de acordo com a caminhada que venha seguindo, pausando a respiração, aprofundando-a, organizando-a, arquive a informação que tenha recolhido ao observar. Logo, será muito revelador compará-la com a pauta respiratória após a experiência.

Uma vez que tenha incorporado a respiração consciente, leve atenção ao caminhar:

- Perceba seu equilíbrio.
- Conscientize-se do compasso de seus passos.
- Sinta o território embaixo de seus pés.

Assim que escutar a sua mente, você perceberá que entre pulos temporários, para frente e para atrás, aparecem contínuas instruções e "teria" (teria de ter colocado os óculos de sol, vou virar à direita para evitar aquelas sarças, com tudo o que choveu ontem os tênis vão estragar...). Limites, proibições, estreitezas, "fórmulas" que nos fazem minguar e nos afastam da alegria de viver que consiste, precisamente, em nos libertar das limitações.

Se você se surpreender consigo mesmo caindo nesses pensamentos enquanto tenta passear em meditação, não se autojulgue, não se aplique qualquer punição, simplesmente sorria e devolva atenção ao entorno presente e a todas as sensações do momento. Respirar conscientemente nesses instantes, mas sem se tencionar, lhe ajudará a recuperar o presente.

Desse jeito, ignorando pautas e proibições reflexas, irá para onde seus pés queiram lhe levar. É difícil pôr em palavras a maravilhosa sensação que vai invadir você assim que descobrir que chegou a um local que possivelmente nunca teria chegado se tivesse deixado a cargo de sua mente e aos seus *assistentes,* os velhos hábitos. Sua nova guia não vai lhe defraudar.

Passear entre as árvores por simples prazer também pode ser um facilitador em todo nível.

Em nível físico, lhe ajudará a reconectar com seu corpo e a confiar nele. Também, obviamente, a libertar tensões.

Durante um passeio meditativo as sensações físicas passam ao plano consciente, estão presentes no seu corpo e têm a capacidade de localizar os pontos de tensão.

Às vezes, a energia da mata resulta tão revigorante que na exploração é possível esquecer os limites que tínhamos fixado em nível corporal.

Suas ideias preconcebidas sobre idade e movimento se diluem, e você ganha coragem até para subir nas árvores ou para pular ludicamente sobre os troncos caídos.

Em nível emocional, ajude-se a aquietar seus medos, sejam pessoais, ou arquetípicos, a se ancorar no momento presente e a trazer de volta a sua criança interior.

A profundidade da mata é equivalente à profundidade do inconsciente, onde os medos crescem e se envenenam, e muitas vezes esses medos arquetípicos saem na superfície, nos entornos mais virgens.

Porém, ao passar de maneira consciente, colocando atenção exclusiva no aqui e no agora e deixando surgir a voz e a visão de nossa criança interior, os medos irão sumir feito uma nuvem de vapor.

Em nível mental, ajude-se a ampliar o campo da percepção (nos seguintes pontos falaremos disso nos centrando nos cinco sentidos), a liberar a mente de pensamentos indesejáveis e superficiais e conduzi-la até a calma.

Além disso, na floresta, sem as restrições costumeiras, será mais fácil advertir as armadilhas mentais, fruto de seu sistema de crenças, e ao fazê-las conscientes terá anulado o seu poder castrador.

Em nível espiritual, a floresta nos oferece conexão direta com a essência da vida, com aquilo que transcende nossa pequenez costumeira e abre à dimensão espiritual.

A floresta, por meio de suas árvores, oferece uma mão amiga, mas também nos desafia à procura de nosso autêntico ser.

De acordo com Victor Hugo, produz enorme tristeza pensar que a natureza fala enquanto o gênero humano não a escuta.

Encontrá-la

Uma vez que tenha se entregado prazerosamente à sua intuição, a chamada chegará. Não se trata de uma eleição ativa, simplesmente saberá. No início será uma chamada estética, porém não imponha limites com um "é linda", "é feia", "que maravilha". Sem etiquetas se abrirá um precioso espaço interno não transitado.

Não é preciso adentrar o recanto mais profundo da mata, na verdade as árvores que você encontrar nas áreas mais acessíveis e pelo tanto mais trafegadas estão mais acostumadas com as energias humanas. Até poderia encontrar a sua árvore amiga na estrada urbana ou em um parquinho infantil.

Porém, essas localidades não são as ideais para se fazer o contato e os exercícios que requerem certo tipo de energia ambiental, além do máximo relaxamento, concentração e escuta. As melhores são árvores grandes, robustas (mas nada que lhe pareça demasiadamente imponente e alheio).

É possível que seu eu superior tenha lhe levado até uma árvore que jamais teria escolhido conscientemente, mas assim que observá-la mais atentamente notará significativa atração.

Como as pessoas, cada árvore possui qualidades pessoais e vida própria; na interação, seja aberto e respeitoso, não pressione nem a manipule para que não se adapte a uma ideia preconcebida. Saúde-a em silêncio desde o mais profundo de seu ser.

Faça isso com amor, sem forçar a emoção "amor", deixe-se levar, simplesmente vai aparecer.

Limite-se a senti-la e deixe que flua até sua árvore.

Depois, dê um rodeio em volta dela, pausadamente, até sentir em qual ponto deverá se aproximar.

Quando souber, chegue perto.

Sinta, pode fazê-lo frente ao caule, ou melhor, se apoiando nele.

Novamente, saberá qual é a sua opção para esse momento concreto e para essa árvore.

Um esclarecimento importante antes de continuar: não procure nessa primeira aproximação uma experiência transcendental.

Não espere uma espécie de fogueira emulando o Buda ao pé da árvore bodhi.

Como já mencionei, essa experiência é alheia a uma procura ativa, tudo aquilo que tiver de aparecer, aparecerá.

É suficiente abrir nossas "portas e janelas".

Será uma descoberta gradual, belíssima e evidente, que terá começado com os primeiros passos, passos leves, passos simplesmente sensoriais.

É bem possível que se sinta confuso; na verdade, a confusão faz parte do processo.

- O que é que eu faço aqui?
- O que se supõe que devo sentir?

A verdade é que não sinto nada de especial.

A mente volta a deambular, a fazer associações, voltam as lembranças, imaginação.

Não se julgue, nem faça gerar expectativas, volte à respiração e através dela volte ao momento presente. Nessa tarefa de regresso ao presente, centrar sua atenção nas sensações corporais ajuda muito.

As primeiras sensações percebidas são simplesmente físicas, mas logo ascenderá em nível perceptivo e sentirá outras muito mais sutis.

Nessas primeiras fases, é imprescindível não perder o contato com a realidade física, já que embora sejam fases que constituem o portal para uma percepção da realidade muito mais profunda da realidade que jamais tenha experimentado, tem sua utilidade e irão se conectar de jeito simples. Para isso, é muito importante que durante esse contato possa utilizar constantemente os cinco sentidos.

Observá-la

O que você pensaria se eu falasse que na verdade não enxergamos as coisas?

Está demonstrado que deixamos de olhar quando nossa mente identifica o objeto e o identifica entre todas as imagens que guardamos no nosso "armazém". Imagens que acumulamos ao longo dos anos. Poderia se dizer que enxergamos "em geral", mas não prestamos atenção aos detalhes, o que dificulta registrar aquilo que diferencia o objeto observado do objeto arquivado em nossa mente.

Atualmente, o assunto piora já que vivemos "entelados" e essas telas da comunicação são essencialmente a base de imagens, imagens que passam a toda velocidade e que mal precisam de concentração (tudo entra à maneira de *flash*). E para piorar, agora todos carregamos telas de bolso, e até caminhamos com a vista pregada nelas...

Vou lhe propor um exercício para ir além desses costumes mentais limitantes, e lhe deixar surpreender *pelo que não estava enxergando*.

Durante seu percurso reserve um tempo para se sentar relaxadamente em algum ponto do caminho onde haja árvores suficientemente acolhedoras para você.

- Observe ao seu redor – uma observação pausada, mas sem se deter em detalhes, apenas no fluir.

- Observe primeiramente as árvores que estiverem mais próximas.
- Uma vez que as tenha olhado com consciência, dirija-se às que ocupam o segundo plano da cena, que estiverem à sua frente.
- Aos poucos, vá além, para as mais distantes, nas quais jamais teria reparado se tivesse focado apenas na percepção costumeira.

Não se esforce, não se trata de enxergar o mais longe possível, senão de VER, de VER de verdade, sem que essa visão se limite a catalogar a imagem e procurar sua "imagem chave" no armazém mental. Tem de ir camada por camada, não ir às pressas do mais perto para o mais longe, pulando as camadas intermediárias; a expansão da consciência tem de ser como a água que se derrama aos poucos.

A segunda parte do exercício consiste em centrar a visão consciente no menor. Do macro passaremos ao micro, porém com o mesmo nível de atenção e expansão de consciência.

- Olhe para a parte de terreno que tem logo abaixo, observe cada detalhe, cada material, cada inseto miúdo, cada erva, rebento, grão, cor...
- Deixe-se surpreender – lá embaixo há um microuniverso desconhecido – delicie-se feito criança.

- Quando acreditar que já não há nada por descobrir, respire profundamente e recomece. As surpresas continuarão, e quase sem saber terá atingido um estado de atenção plena. Na verdade, essa brincadeira é uma meditação.

Escutá-la

Embora a floresta pareça silenciosa (para você que acabou de chegar da cidade) não é um local silencioso de jeito nenhum. A diferença dos sonidos que você deixou para trás e aqueles que você vai conhecer nesta pesquisa é que os primeiros são invasivos, enquanto que os sons da mata somente entrarão em você caso lhes abra a porta com a escuta consciente. Abra-se de ouvidos e descobrirá infinidade de sons novos que vão muito além das músicas dos pássaros, o som do vento ao bater folhas e galhos, ou o ruído de seus passos.

Obviamente, esses serão os primeiros que irá perceber assim que focar em uma escuta consciente. Contudo, não permita que suas limitações mentais o iludam, escute com total abertura e calma. Irão chegando. Alguns serão tão leves que vão lhe parecer quase oníricos. Não se conforme em apenas ouvi-los, segui-los, sinta de onde vêm e para onde vão; onde nascem, onde minguam, onde morrem.

Depois chegue até alguma árvore que lhe chame e grude seu ouvido naquele tronco.

Deixe-se levar.

Brinque feito criança, mas sem perder o sentido da verdade.

Aquilo que escutar será real, inesperado, mas real.

Nos primeiros contatos mal conseguirá escutar, porém conforme a experiência se repetir, descobrirá sons assombrosos que entrarão pelo seu ouvido e ressonarão no seu corpo todo.

O som da árvore faz parte de sua vibração curadora.

Tocá-la

O tato é um sentido belíssimo carregado de conotações emocionais, fundamental para o prazer e, por causa disso, poderoso e saudoso.

Portas fascinantes abrem-se com a chave do tato.

Infelizmente, é o sentido mais anulado na vida cotidiana moderna; quase nunca somos cientes das mensagens que nos chegam através do tato (excetuando os momentos relacionados com o sexo ou com a expressão afetiva, ou momentos pontuais em algum contexto terapêutico como as massagens ou a necessidade de apalpar para um diagnóstico, por exemplo).

O primeiro contato com a dita "realidade exterior" nós estabelecemos com o sentido da vista; percebemos os objetos e situações visualmente e elaboramos uma imagem mental. Enquanto isso acontece, colocamos o sentido do tato em "silencioso" porque não precisamos dele para interpretar aquilo que temos frente a nós mesmos.

Caso você queira, ative o tato ao pé de sua árvore, a primeira coisa a fazer é fechar os olhos. A partir desse momento é que acorda a capacidade perceptiva das mãos. E não só isso, também a capacidade do corpo todo (seus pés sob o terreno, a carícia do tecido da roupa sobre a pele...). Observe a sua árvore pelo toque de seus dedos e faça-se ciente das atípicas sensações que começarão a surgir em seu interior.

Cheirá-la

Com o sentido do olfato ocorre o mesmo que acontece em relação ao ouvido. Normalmente, percebemos os cheiros que se impõem apenas pela intensidade. Somos somente cientes dos mais penetrantes. Porém, podemos dirigir e focar nossa percepção, e no nosso percurso achar cheiros mais sutis, aqueles que as nossas células nervosas olfativas costumam ignorar.

A Aromaterapia tem aberto um universo todo sobre o olfato. Desde a perspectiva que a referida disciplina nos oferece, os cheiros têm ganhado importância e significado.

De novo, estamos falando do mundo vibracional, porque os aromas também são vibrações e alguns deles têm certo grau de vibração tão sutil que elevam nosso nível de consciência.

Os aromas apropriados nos fazem harmonizar, promovem estados de ânimo e podem funcionar como autênticos bálsamos emocionais influenciando mesmo nossos corpos energéticos. Como já temos explicado no ponto correspondente, os corpos energéticos e o corpo físico atuam tais quais corpos comunicantes; em virtude disso, a Aromaterapia é um efetivo sistema de apoio, seja para tratamentos holísticos, seja para tratamentos alopáticos.

Por outro lado, todos nós já experimentamos o terrível poder saudoso dos cheiros.

O sentido do olfato nos lança a uma associação direta e nítida entre o cheiro e a imagem, e de imediato nos lembramos também de situações, emoções e estados. Aquilo que percebemos através do olfato percorre a velocidade supersônica, o túnel que une nosso corpo físico com nossos corpos energéticos. Ou não nos chegam até a alma os cheiros da infância: o cheiro da massa de modelar, o cheiro da boneca nova, o perfume da mãe, a loção do pai, as flores do pátio de brincadeiras...? E não é casual que uma percepção olfativa consiga desencadear todo um rosário de lembranças quase esquecidas, já que a área do cérebro associada ao cheiro é a mesma área da memória, por isso, um dos sintomas precoces de doenças cerebrais como o mal de Alzheimer, Parkinson ou da esquizofrenia é a diminuição ou a distorção do sentido do olfato.

A seguir, ofereço uma série de "dicas" úteis sobre o poderoso e terapêutico sentido do olfato para você tirar o máximo de proveito em seu roteiro pela mata.

1. Não cheire feito um cão farejador. Esse é o típico erro do principiante. Tudo o que vai conseguir será apenas hiperventilar.

2. Respire com normalidade e calma, levando atenção para cada inspiração, e faça-se ciente dos cheiros que percebe. Não force a percepção, simplesmente esteja presente.
3. Após realizar várias inspirações (sempre em ritmo calmo e desde o relaxamento) tente identificar as qualidades dos cheiros que percebe (doce, acre, floral, amadeirado...). Caso surja algum que não consiga identificar não o despreze: incorpore-o, saboreie-o. Talvez lhe fascine muito mais que os cheiros que lhe são familiares.
4. Agora, nesse estado, você já pode focar em sua árvore. Explore seus aromas, o aroma de cada uma de suas partes, até aquele das folhas mortas que deitam sobre o chão. Em seguida, mude o foco e tente identificar, novamente, os cheiros ambientais.

O exercício seguinte é excelente para experimentar ao máximo essa viagem sensorial. Além disso, é muito completo porque são vários os sentidos envolvidos que entrariam no jogo: o tato, o ouvido e o olfato, todos eles exercitados em nível muito profundo já que cancelaremos primeiramente o sentido líder e que tanta sombra faz: a vista. Mas como? Simplesmente vedando os olhos e pedindo ajuda para um guia.

a. O guia acompanha o executante por meio da floresta, quem terá os olhos cobertos.

b. Trata-se de um guia atípico porque não guia, limita-se a seguir o executante evitando que se faça mal, mas é o executante que decide em todo momento para onde ir. Deve se guiar pela intuição e deve utilizar o ouvido, o olfato e o tato para se conduzir e manter o equilíbrio.

c. O guia não deve evitar problemas, somente deve intervir diante de um perigo real, e a palavra será usada somente se não houver outra saída.

Esse exercício é uma experiência terrivelmente reveladora, se realizada com envolvimento e confiança. Ela não afina somente os sentidos mais adormecidos por causa da vida moderna, afina também a consciência dos mesmos e ensinará muito, também ao guia, sob a maneira com a qual administra os seus medos, e lhe mostrará até que ponto precisa (ou acha que precisa) manter o controle. E você se surpreenderá com a sua própria capacidade intuitiva.

Degustá-la *(sim, também pode saboreá-la)*

De novo o tempo como devorador de vida.

De novo a pressa como inimiga do sentir: Quando come, você mastiga e engole ou saboreia o alimento e se demora prazerosamente naquele momento?

Outro sentido atrofiado e desvalorizado.

Outro sentido sem sentido em uma sociedade na qual aquilo que é instantâneo tem substituído o precioso instante.

Há muitas partes de sua árvore susceptíveis de serem degustadas (a folha, a flor, os frutos, a seiva...) mas, é claro, só deve experimentá-lo se estiver completamente seguro de sua inocuidade e, ainda assim, por prevenção não deve engolir.

Mastigue pausadamente e observe o que acontece em sua boca. Não apenas no que se refere ao sabor e textura, mas também em aspectos funcionais como a salivação.

A respeito dos sabores, tente se aprofundar em sua percepção, não se limite a simples identificações, vá fundo aos detalhes:

- Em que momento aparece cada sabor?
- Qual foi o primeiro que você percebeu?
- Algum deles se mantém desde o início?
- Qual sabor persiste e quais são mais voláteis?

Normal é que conforme se mastiga, apareçam ou sumam sabores e também diminuam e aumentem as intensidades.

Não se limite apenas àquilo que acontece em sua boca, em seu sentido do gosto, mas traga à consciência as reações de seu corpo sobre esses sabores e sensações.

- Acalmam? Causam desassossego?
- Causam pavor?
- Receio?
- Prazer?
- Excitação?...

Uma vez que tenha cuspido, tome um tempo para reconhecer que sabores e sensações permanecem na boca e no corpo todo, e para captar as novas sensações que possam se apresentar. Pode seguir essas pautas com cada elemento que decida saborear.

Após todo esse percurso sensorial, perceberá a sua árvore de uma maneira completamente nova, e os exercícios terão proporcionado abertura ideal para estabelecer contato consciente de um ser para outro ser, de energia a energia.

Enquanto você observava a sua árvore, ela observava você, enquanto a escutava, ela também lhe escutava, ela também encostou em você. Assim tem de sentir e assim tem de pensar a experiência total.

Embora nossos sentidos tenham nos proporcionado muita informação e contribuído para a criação do estado idôneo para o ritual, há outros aspectos mais sutis que poderá descobrir somente ao sintonizar com os ritmos internos da árvore e deixar fluir os próprios ritmos internos (como respiração e movimento).

Siga a orientação a seguir:

1. Permaneça muito perto dela, respire profundamente e capte sua energia. Se encontrará no estado adequado para senti-la e para entrar em comunicação com ela. Não me refiro a senti-la desde o plano mental, ou mesmo o plano emocional, refiro-me a uma comunicação vibratória entre ela e você; não resista, não a analise: simplesmente sinta-a.

2. Após concluir o primeiro passo e mantendo sempre uma respiração consciente e pausada, coloque suas mãos no tronco da árvore e feche os olhos. Notará que seu campo energético se abre tal qual uma flor. Ofereça-lhe sua própria energia, acaricie seguindo a direção das frestas e fissuras, faça isso sem forçar, silenciosamente, e deixe nascer as carícias. As mãos são uma área especialmente sensível à emissão vibratória. Ao focarmos conscientemente, nossas palmas captam com facilidade as entradas e saídas de

energia. Agora chegou o momento de identificar mais especificamente a qualidade dessa energia que foi capturada e continua a sentir. É amorosa? Protetora? Estimulante? Você sente uma corrente harmônica ou, pelo contrário, algo lhe perturba? É uma árvore sábia? Uma árvore líder, poderosa? Ou uma árvore bondosa e maternal? Ao identificar as qualidades dessa energia, decida se deseja se abrir a ela e absorvê-la.

3. Sendo assim, esvazie-se de toda turbulência, faça silêncio interior e contate com a sua própria energia amorosa, deixe-a fluir e flua você mesmo junto com ela. Ao mesmo tempo em que permite que a energia da árvore se faça mais densa, adquira espessura. Talvez, note que delicada força atrai você e sinta a necessidade de se aproximar mais até o ponto de os dois campos energéticos se fundirem e se converterem em um, como uma crisálida de energia que envolve os dois. Porém, não espere, se não chegar essa sensação concreta, não importa, se deixe levar; como já mencionei, cada árvore é um indivíduo com pessoalidade própria.

4. Em seguida, apresente-se no sentido literal da palavra, fale quem você é, fale seu nome e a cumprimente. Criará um espaço de comunicação

energética. Tudo tem de ser realizado no plano energético, desde uma profunda conexão com você mesmo e com o entorno.

5. Ao se sentir confiante, perceberá nesse espaço de comunicação energética como lhe chega sua energia, como penetra em você. Como lhe recarrega. E trata-se de energia nova, diferente de qualquer outra. É como uma sálvia que alivia e que cura.

6. Antes de se separar de sua árvore, abrace-a, envolva-a estreitamente com sua energia-amor e agradeça. Tome o tempo que for preciso, uma vez que a duração do abraço só depende do seu sentir. A sensação mais comum nesses momentos é de radiante alegria, e nessa união se perderão você e o tempo. Faça isso sempre, silenciosamente, e não abrace apenas com braços e corpo, abrace também, e acima de tudo, com seu coração energético.

A despedida é um momento importante que deve ser empreendida com delicadeza.

É importante cuidar da respiração e do tempo.

Se o retorno for feito bruscamente, a energia pode se desequilibrar em segundos.

Seria um processo semelhante a um violento balde de água fria para os nossos corpos energéticos.

Não sabote a beleza daquilo que foi compartilhado, considere o campo energético de sua árvore como se fosse um templo sagrado, e se despeça com a graça e a reverência que ela merece.

Você pode realizar o mesmo exercício estabelecendo contato com as costas, ao contrário das mãos (a intuição dirá qual é a sua opção). Basta se apoiar no caule da árvore seguindo as instruções detalhadas nos parágrafos anteriores.

O rito de comunhão silenciosa é o mesmo que se realiza com as mãos, e as costas são um ótimo condutor vibratório, já que o principal canal energético do corpo percorre a espinha dorsal. Um alinhamento físico correto é fundamental para os trabalhos e atividades que requerem claridade mental e foco e para uma vida harmônica em geral. Do mesmo modo, para a capacidade de terminar as tarefas empreendidas e atuar sempre em plenitude de presença.

No âmbito energético, a função desse alinhamento é assegurar comunicação fluida entre as duas principais correntes de energia: aquela que surge da terra e aquela cuja fonte é o universo. Uma atua em direção ascendente e outra faz isso em direção descendente. Os ossos bem alinhados constituem a antena perfeita que permite a circulação das duas energias. Precisamente, uma das posições principais do *Chi-Kung* denominada "abraçar a árvore".

Esse intercâmbio de energia (seja através das mãos ou através das costas) não afetará negativamente a árvore, por mais negativos estejamos no momento do *encontro*.

A árvore funciona como um transformador conectado a terra por um feixe de terminais nervosos, e uma vez que essas energias chegam a ela, a mãe terra se encarrega de transmutá-las e manter a árvore protegida. Sendo assim, as árvores não apenas transformam o dióxido de carbono em oxigênio, mas transformam as forças negativas em energia sã. Sua capacidade de transmutação é muito poderosa, pois através de suas raízes absorvem a energia da terra, e graças à sua altura e imobilidade absorvem igualmente as energias celestiais.

A escolha da árvore pode ser eventual, isolada, caso você realize passeios em diversos entornos, ou se em um mesmo entorno sinta atração para uma ou outra árvore. Porém, meu conselho é que, além desses encontros, não perca a experiência maravilhosa de estabelecer um vínculo com um exemplar em concreto. Vínculo que se afiance ao longo do tempo, o equivalente – permita-me brincar – a um *relacionamento formal*.

Ao escolher uma árvore a qual tenha fácil acesso, estabeleça estreitíssima relação com ela, entranhável e surpreendente. Alguns seguidores, bastantes, para falar a verdade, têm me relatado nesses encontros sensações de autêntica proximidade; a alegria da árvore com a chegada e até – e isso é comovente – quando as visitas escasseiam um pouco, a certeza absoluta de que a árvore sente saudades.

De acordo com o estudado no capítulo dedicado à medicina vibracional, a energia sutil é a linguagem das árvores, e ao entrarem em comunicação conosco abrem nossos próprios canais energéticos e, então, ganhamos em presença e vitalidade. Há outras possíveis aproximações que sem necessidade de contato físico conseguem proporcionar intensa recarga de energia. Não as indico para iniciantes porque, para que sejam efetivas e reais, requerem familiaridade com as árvores e interação. Um exemplo seria o exercício que permite dirigir a entrada de energia de modo que essa seja canalizada diretamente através da coroa. Quer dizer, a coroa atuaria como uma espécie de orifício de entrada.

Situe-se frente à árvore com os braços na postura acostumada de repouso. Convém não estar muito perto, melhor à distância de um metro.

- Respire profundamente e se concentre na respiração como se fosse iniciar uma prática de meditação. Após acalmar a mente, e o corpo esteja relaxado, porém presente, disponha-se a sentir o campo vibratório da árvore (sua aura).

- Ao sentir a aura, disfrute da sensação de estar envolvido nessa energia que a árvore irradia.
- Absorva-a pela coroa e sinta como circula e lhe percorre em direção descendente até atingir os pés.
- Permita e sinta que a energia saia das plantas.
- Por meio das plantas de seus pés a energia regressa à terra, e daí retorna à árvore através de suas raízes.

Repita o percurso.

Um percurso circular curador e harmonizador.

Uma espécie de *diálise* energética purificadora.

Contudo, trata-se de um exercício indicado a praticantes com certa bagagem que percebem e dirigem facilmente as energias mais sutis.

V

A ÁRVORE E SUA IDENTIDADE

Descobrir as qualidades da árvore como indivíduo é um processo fascinante. A maioria dessas qualidades respondem à espécie a qual pertence, já que cada uma leva dentro uma informação genética específica que inclui o aspecto (tamanho, colorido...), os ritmos estacionários e o jeito de dar flores, frutos e sementes (e também as características de cada uma dessas três manifestações). Dentro dessas qualidades como espécie estão também as qualidades energéticas que depois terão nuances de um indivíduo para outro. A personalidade da árvore define-se na energia. A energia da árvore viria a ser o equivalente ao caráter no ser humano.

Por isso, da mesma forma que quando interagimos com outros seres humanos, quando entramos no campo energético de uma árvore nosso próprio campo energético reage. Assim que, aos poucos, ao se sensibilizar com a presença da árvore, sintonizará com sua qualidade predominante, que por sua vez vai lhe levar a tomar consciência dessa qualidade em você. Se, por exemplo, estou em pé ao lado de uma bétula, que, entre outras, encarna a qualidade da aceitação, terei de sentir, em maneira gradual, essa qualidade de aceitação em meu próprio sistema. Então, terei duas opções: confiar e ser flexível, ou me estressar e resistir. Optar por um ou outro caminho vai depender de nossa sintonia, considerando-se inclusive que pesam as circunstâncias cristalizadas, frequentemente inconscientes, a respeito dessa qualidade. Porém, aos poucos, encontro após encontro, finalmente, a árvore ajudará notavelmente em nosso processo de cura.

Como intuir as qualidades de uma árvore em particular

Embora a continuação exponha as qualidades principais de cinco árvores emblemáticas, o certo é que não se pode dizer que a classificação corresponda a cânones fechados. Há muito de intuição e muito derivado da minha própria experiência, e a cada dia descubro novas qualidades e modifico antigas crenças a respeito. Devido a isso, é importante que você conte com seu próprio sistema para detectá-las e classificá-las, e que esse seja um sistema aberto e flexível. Seguem alguns passos:

1. Quando estiver em presença da árvore escolhida, logo virão à sua mente palavras descritivas diretamente relacionadas com sensações (delicadeza, poder, grandeza, força...). Ali terá os primeiros indícios.
2. Passe a observá-la detalhadamente. A textura do tronco, a forma dos galhos, a distribuição da folhagem. Demais palavras virão à sua mente. Seu estado interno estará relacionado com essas ideias que forem aparecendo.
3. Faça-se ciente de como se sente à sua companhia. Caso se tratasse de uma pessoa, você se sentiria à vontade? Inspiraria a você confiança? Simpatia? Respeito?
4. Após seguir os três passos anteriores chegará à sua consciência a ideia de uma qualidade predominante. Aparecerá sozinha.

Pois bem, isso não quer dizer que suas conclusões coincidam com as dos outros, embora seja a mesma árvore, porque a realidade daquele momento – o momento que você viveu – é produto do encontro de dois campos energéticos específicos. E mais, isso não quer dizer que ao interagir posteriormente com a mesma árvore você perceberá as mesmas qualidades. Em cada encontro, você terá uma versão diferente de si, dependendo do estado em que se encontre naquele momento. Não haverá dois encontros iguais.

A seguir, exponho as qualidades de cinco espécies de árvores. As escolhi, à maneira de exemplo, por serem espécies acessíveis em muitos locais e porque são tradicionalmente emblemáticas. Não somente no referente à cura energética, mas também à cura na naturopatia e fitoterapia. Volto a esclarecer que tais qualidades que assinalo não são ciência exata, inamovível. Minha intuição e experiência não têm de ser transferíveis à sua. Sim, é verdade, porém, que no referente às cinco árvores escolhidas: bétula, nogueira, faia, pinheiro e abeto – as coincidências entre a experiência pessoal e demais experiências são evidentes, além de coincidirem com o material encontrado em textos e tradições de origens e datas diversas. Todavia, não deixe que o exposto aqui o limite, antes tome esse texto somente como orientação, mas não se esqueça de que seu ser interior tem muito para lhe falar.

O que importa é que as características qualitativas de cada espécie – do modo como cada um as experimenta ao fundir imensos campos energéticos – permitem ser acessadas em nós mesmos. De jeito tal que, os efeitos curativos das árvores não se limitam às nossas sensações físicas, como muitos acreditam, mas que também influenciam no nosso estado de ânimo.

Cada uma das cinco árvores escolhidas possui qualidades individuais, e trabalhando com suas energias você pode libertar os bloqueios que possam haver em seus corpos energéticos e contatar claramente com o seu eu superior. Muitas dessas qualidades podem ser vislumbradas a partir dos rasgos físicos da árvore, como já comentamos que acontecia no maravilhoso sistema floral do doutor Bach, e também a partir do seu habitat natural e do seu comportamento social (do qual também temos falado).

Nem todas as espécies arbóreas ostentam qualidades relevantes para o ser humano, porém, algumas delas podem ter influência significativa sobre nossa saúde emocional.

A bétula

A bétula é uma árvore de elegância simples, revestida de fina cortiça prateada.

Seus esbeltos galhos e suas folhas finamente recortadas se elevam e se agrupam em harmoniosas proporções conformando uma folhagem leve e aérea.

Seu aspecto delicado contrasta com sua extraordinária fortaleza e sua capacidade de resiliência. Não é capaz apenas de prosperar em circunstâncias ambientalmente adversas. É, igualmente, conhecida por ser uma das primeiras espécies a voltar a crescer espontaneamente após um desastre natural (terremoto, erupção vulcânica, inclusive acidente nuclear).

A bétula é como uma dessas mulheres doces e melancólicas que em momentos críticos surpreende pela coragem e fortaleza.

É uma árvore quase universal, e são numerosas as culturas que a têm muito presente seja no âmbito da religião, da mitologia, da medicina ou das tradições. A maioria delas consideram a bétula uma árvore afugentadora de energias malignas e das calamidades. Devido a essa crença, ramalhetes de seus galhos e folhas são colocados nos berços dos recém-nascidos. Desde Gales até a Índia a bétula é uma árvore querida e considerada benéfica, não apenas pelo seu aspecto protetor e purificador, mas por ser considerada uma árvore aliada do amor e da fecundidade.

Esse rol protetor e purificador, nos planos psicológico e espiritual, manifesta-se em energias de limpeza e renovação. É a arvore indicada para superar sentimentos de baixa vibração relacionados à incapacidade de desapegar, deixar ir. É o caso, para citar alguns exemplos, do rancor, da autocompaixão, da rigidez e da incapacidade para se desprender de hábitos nocivos. Sentimentos que poderiam ser considerados faces de um mesmo prisma. Frente a esses estados limitadores e autodestrutivos, a bétula funciona como "cicatrizante", sua energia é a energia da reconciliação. Sua influência favorece não apenas a harmonização e a conquista da paz interior, mas abrange aqueles mais próximos.

A vibração da bétula nos oferece um espaço de paz, de equilíbrio e afeta diretamente os relacionamentos.

Sua energia é igualmente balsâmica, como já foi mencionado; a bétula possui a qualidade da delicadeza, trazendo alívio à dor emocional (desde pequenos desgostos até o ferimento mais profundo produzido pela perda de um ser querido ou por uma separação), e a dor física (especialmente a causada pelo acúmulo de tensão no estômago, na mandíbula ou nos ombros). Não é casual que seu uso em nível orgânico esteja, sobretudo, indicado para doenças que requeiram tratamento depurativo, uma vez que muitas dessas doenças estão diretamente relacionadas com alguma das emoções anteriormente assinaladas.

Sua vibração é eminentemente feminina.

Na estressante vida urbana nos vemos obrigados a priorizar as energias masculinas tais quais: a vontade, a ação, a competitividade... sobre as energias femininas mais delicadas e intuitivas.

A vibração da bétula nos ajuda a recuperar o vínculo entre ambas as energias e a diluir o conflito interno que possa surgir quando se dissociam esses dois aspectos inerentes a todos nós.

Sentar-se à sombra da bétula significa entrar em uma atmosfera de paz, que convida a liberar as cargas e a aceitar os presentes que a vida nos oferece.

Mas, para liberar as cargas é preciso reconhecê-las e isso, às vezes, não é tarefa fácil, sobretudo, quando as cargas são emocionais e subjacentes. A delicada bétula ajuda no reconhecimento desses problemas e a afrontá-los com autoconfiança.

Em nível mais profundo, a bétula pode ser uma valiosa aliada na luta contra o ego. Suas energias são as mais indicadas para domesticar esse temível inimigo, vencê-lo e dar assim espaço ao nosso eu superior.

Palavra-chave: aceitação, reconciliação, delicadeza, reciprocidade, luto.

Efeito sobre os chakras

Ajna (frente): calcular na hora de avaliar e enfrentar um problema.

Vishudda (garganta): verbalizar serenamente os sentimentos.

Anahata (coração): curar ferimentos; benevolência e tolerância para si e para os demais.

Manipura (plexo solar): sossegar as emoções desproporcionadas.

Svadhisthana (sacro): paz interior.

A nogueira

A nogueira é uma árvore individualista que raramente cresce em grupos. Seus ritmos são muito particulares, com sequência sutil diferente da maioria de seus congêneres. Dir-se-ia que recusa qualquer companhia, até desprende certo odor desagradável que mantém afastados os insetos, pássaros e outras plantas. Não é à toa que na terapia floral do doutor Bach é considerada uma essência de proteção frente às influências externas.

Além disso, seu fruto, a noz, assemelha-se à reprodução em miniatura do cérebro humano, órgão que precisamente marca a nossa individualidade, e graças a qual desfrutamos de autonomia.

Caso deseje uma boa sombra para descansar, será melhor procurar outra árvore, pois a energia que emite a nogueira é tão terrivelmente estimulante (promove autossegurança e capacidade de iniciativa) que impede qualquer nível de relaxamento.

A nogueira alenta-nos a desenvolver a autonomia de critério e a assumir a consequente responsabilidade. Desenvolve, igualmente, a sensibilidade e a abertura a novos horizontes sem deixar que influências alheias nos desviem do caminho.

Ao se conectar com as energias essenciais da nogueira, você descobrirá a maravilhosa sensação de liberdade que segue, inevitavelmente, à autoaceitação e à autoconfiança. Embaixo de seus galhos poderá vislumbrar o eu superior que habita em você.

É uma árvore diretamente relacionada com o âmbito laboral, pois suas energias também ajudam a transcender a visão deprimente e reducionista em relação ao trabalho, como simples meio de vida. Um meio frequentemente alienante e insatisfatório, mas aceito com resignação com o propósito de atender às necessidades mais básicas. Sim, a força e a lucidez da nogueira ampliam essa visão, como se nossa "câmara" dispusesse de um objetivo grande, angular e nos permitisse enxergar nosso trabalho como algo muito mais significativo e transcendente, um valioso veículo de autoexpressão. É por isso que diante da insatisfação laboral, ou diante do sofrimento provocado por um trabalho que nos faz infelizes e anula a nossa essência, a energia da nogueira, lúcida e individualista, pode ser de grande ajuda, seja para detectar e aceitar a situação, seja (e isso é muito mais relevante) para tomar decisões, às vezes drásticas, sem nos deixar influenciar pelas opiniões geralmente cautelosas do entorno. Embora também seja certo que a solução, normalmente, não esteja em abandonar um emprego, senão em modificar uma atitude. Em qualquer caso, a nogueira libera a energia idônea para afrontar qualquer mudança, caso seja necessária.

A respeito dos sentimentos, ter autonomia significa reconhecer nossos autênticos sentimentos, não os disfarçar, não os distorcer nem os manipular. A coerência entre o sentir e o atuar, assim como a independência de critério.

Nos relacionamentos, as energias da nogueira ajudam a nos relacionar desde o nosso eu superior, que é um eu criativo ao invés de um eu reativo. Devolvem-nos ao mundo real, nos tiram dos extenuantes devaneios mentais, libertam-nos dos hábitos de pensamento ruminante que embotam nossa capacidade de decisão e nosso discernimento.

Palavra-chave: renascimento, renovação, lucidez, autonomia.

Efeito sobre os chakras

Ajna (frente): discernir entre o real e o ilusório.

Vishuda (garganta): coragem para expressar suas escolhas.

Anahata (coração): amar saudavelmente.

Manipura (plexo solar): assumir e dirigir os próprios sentimentos (os sentimentos independentes dos outros).

Svadhisthana (sacro): revelar seu autêntico ser.

A faia

Árvore importante e majestosa. Seu tronco, que cresce reto e limpo e se prolonga em uma copa muito povoada, pode atingir altura superior aos quarenta metros. Seu aspecto vigoroso e encorpado transmite requintada segurança e, porém, essa árvore apoia-se e cresce sobre raízes pouco profundas, como se não precisasse da ajuda de "ninguém" para se manter ereta. É uma árvore protetora, de vigilância fiel e incansável que impede que em sua sombra cresçam invasores. Nos faiais raramente prosperam rasteiras, parasitas ou ervas daninhas. A faia é confiante e segura, daí que sua madeira seja pesada e de difícil manuseio.

Suas energias ajudam a combater e a anular o pavor em todos os seus aspectos. Com frequência, os pavores não são senão atitudes internas. O medo, quando não é uma resposta reflexa de sobrevivência diante de um autêntico perigo, é produto de um processo mental e tem mil rostos; desde a timidez até a agressividade, passando por todas as manifestações fóbicas da intolerância. Inclusive a inflexibilidade e o dogmatismo são formas de medo, embora estejam fantasiadas de contundência.

O homem moderno vive em estado permanente de medo que já se tornou crônico ao ponto de ser considerado um estado normal, completamente desassociado de qualquer tipo de pavor. Medo da doença, da ruína, do desemprego, da crítica, do fracasso, do abandono, da morte... Vivemos preocupados com os nossos seres queridos e preocupados pela possibilidade de "perder" o que quer que seja. E esse medo leva a uma infinidade de problemas fisiológicos e pode, inclusive, originar doenças graves.

As energias serenas e seguras da faia nos ajudam a acalmar a mente, que é a fábrica onde nascem os medos, nos libertam desses venenos paralisantes e nos concedem espaço para o desenvolvimento das qualidades atrofiadas por causa do pavor.

Palavra-chave: confiança, serenidade, coragem.

Efeito sobre os chakras

Ajna (frente): pensamento claro e sereno.

Vishuda (garganta): se expressar com total confiança.

Anahata (coração): recuperar a confiança no amor e se sentir disposto a amar.

Manipura (plexo solar): não se deixar levar pelo medo.

Svadhisthana (sacro): conectar com o poder interior e recuperar a fé na vida.

O pinheiro

A poesia e a pintura chinesa Antiga estão repletas de profunda veneração aos pinheiros, "árvores imortais". Dos pinheiros emana a pura energia Chi, que alimenta o espírito, fortalece o sistema nervoso e contribui para com a longevidade.

Existem mais de cem variedades de pinheiro, embora todas compartilhem das características que mais interessam nesse contexto. São árvores exóticas e austeras que podem viver com quase nada. Prosperam sem dificuldade em terrenos pobres, às vezes, com um mínimo de terra sob um rochedo frio. Porém, em referência à luz, pode-se dizer que o pinheiro é um privilegiado. A luz parece adorá-lo; enquanto a folhagem das árvores vizinhas vai escurecendo ao cair a tarde, o pinheiro continua recolhendo a luz, a sua cortiça pardo-avermelhada continua refletindo-a até o último raio ter sumido. Outra curiosidade é que o pinheiro se autofertiliza, uma vez que possui flores masculinas e femininas, ou seja, estamos diante uma árvore padre-madre, protetora e doadora de vida.

São muito conhecidas as propriedades descongestionantes do seu cheiro intenso; seu familiar aroma abre as vias respiratórias. E essa propriedade tem sua aplicação no plano espiritual. Vivemos presos, asfixiados por limites autoimpostos. E essa versão limitada de nós mesmos afoga-se sepultada por emoções negativas. O pinheiro ajuda a alargar os pulmões da alma para que entre neles a vida mesma. Sua energia revitaliza nossa luz interna, capaz de pulverizar esses limites que em definitivo são ilusórios. Quando se faz a luz, as ameaçadoras sombras somem. O pinheiro nos ajuda a ver a luz em qualquer situação que devido às nossas limitações consideramos obscura e desesperada.

Mas, não são apenas esses limites que nos mantêm desconectados da vida. Na era tecnológica o ser humano está se afastando do autêntico e optando por viver "cheio de telas". Vivemos uma época complexa, cujas consequências desconhecemos. Desde nossas cadeiras, o inimigo ego vai afiançando seu poder; nas redes sociais nós categorizamos radicalmente situações, objetos, pessoas.

Nós ficamos o dia todo no plano mental, metralhados por multidões de imagens e por textos curtos cuja mensagem apresentada nós esquecemos antes mesmo de finalizarmos a leitura. A energia do pinheiro lembra que o fluxo da força vital não pode ser detido, embora os males da modernidade a mantenham bloqueada e restrita.

Nossa desconexão com a vida afeta os nossos corpos energéticos, e como resultado podem aparecer sintomas fisiológicos tais quais a depressão, a fadiga, a fraqueza... O contato com a vibração do pinheiro nos reconecta à existência, renova nossa energia e nos ajuda a recuperar a vitalidade e a luz interior.

Palavra-chave: luz, vitalidade, desbloqueio.

Efeito sobre os chakras

Ajna (frente): as ideias se esclarecem.

Anahata (coração): comemorar a alegria de viver.

Manipura (plexo solar): desdramatizar, depurar a energia emocional.

Svadhisthana (sacro): se alimentar da fonte, se encher de vitalidade existencial.

O abeto

A ramagem do abeto cresce simetricamente por volta de um único tronco que se eleva esbelto e esguio e que pode atingir os sessenta metros. Sua clara verticalidade facilita a fluidez de energia, que no caso do abeto é notável, o que o converte no vínculo perfeito entre o elevado e o terreno, entre o espiritual e o material. Precisamente por causa de sua altura e de suas agulhas sempre verdes, é associado simbolicamente à espiritualidade e à vida eterna. É essa qualidade de fluidez que o converte no aliado ideal contra bloqueios de todos os tipos.

Ao ficarmos perto do abeto e confiarmos em seu abraço, afrouxam-se as ataduras e conseguimos soltar – deixar ir – aquela mágoa ou paralisa.

Assim, de um jeito parecido com o do pinheiro (ao fim das contas são parentes próximos), o abeto alivia os pulmões, literal e metaforicamente. Os bloqueios se refletem organicamente na respiração: curta e irregular indica ansiedade, perturbação, sofrimento, uma respiração que traspassa os limites do espontâneo, uma respiração que, se forçadamente ordenada, reflete necessidade de controle e pavor de se soltar.

A respiração realizada unicamente com a parte superior do peito pode indicar ancoragem excessiva no plano mental. Nesse sentido, as energias do abeto trabalham simultaneamente em dois níveis: por um lado facilitam a respiração e por outro, ao liberar os bloqueios, facilitam o fluxo energético nos corpos sutis.

Ao atuar em um atuam no outro, já que sentimentos e respiração funcionam feito vasos comunicantes. Assim, ao ordenar a respiração, as emoções conturbadas tornam-se harmonizadas.

Outros sintomas físicos associados a bloqueios energéticos podem ser a sensação de pernas pesadas e o trânsito intestinal lento. O abeto favorece qualquer fluxo, tanto no corpo físico, quanto nos corpos sutis.

Palavra-chave: fluência, espiritualidade.

Efeito sobre os chakras

Ajna (frente): abrir a porta de acesso aos planos mais elevados do ser.

Vichudda (garganta): fluir com a existência de maneira natural e prazerosa.

Anahata (coração): espargir amor em cada ato costumeiro.

Manipura (plexo solar): não reprimir sentimentos, desbloquear emoções.

Svadhisthana (sacro): sentir a conexão álmica com a fonte da vida.

Embora as árvores acima referenciadas sejam meus cinco tipos magníficos, ou pelo menos, meus cinco mais familiares, a lista é interminável e fascinante.

Convido você a fazer a sua própria lista, como conclusão à pesquisa pessoal que com certeza já terá empreendido.

E fique de olho! Árvores são terrivelmente viciantes.

Baniano imortal
O mistério da árvore-floresta

O baniano nasce como planta aérea.

Os pássaros que mordem seus frutos disseminam suas minúsculas sementes nos galhos de outras árvores que se convertem em hóspedes. Essas sementes aderem às rugas da cortiça, criam raízes nos galhos e crescem até o chão como finas cordas. Essas são as cinematográficas lianas que serviam de transporte ao mítico Tarzan.

As lianas procuram o chão para enraizar e se transformar em grandes troncos que se multiplicam por dezenas formando um feixe de mágica catedral arbórea de dimensões surpreendentes, cheias de arcadas e com o teto lavrado de folhas e galhos.

Os exemplares mais antigos de baniano podem chegar aos trinta e cinco metros de altura e se estender para se converter em uma frondosa árvore-floresta. No Jardim Botânico de Calcutá pode-se admirar um dos banianos mais espetaculares do globo. Tem mais de duzentos e trinta anos, o diâmetro do tronco principal supera os doze metros. A árvore toda ocupa uma superfície total de doze mil metros quadrados!

A todas essas novas "ancoragens" a terra confere-lhe estabilidade e múltiplas portas de entrada para a água e os nutrientes e permite que a árvore baniano cresça não apenas em altura, mas sobretudo em extensão, após ter abarcado a árvore hóspede.

Sua estranha biografia, portanto, nos fala de uma árvore quase eterna (muitos a consideram imortal), cujo aspecto parasita resulta benéfico e bondoso para as criaturas que se nutrem de sua energia.

Suas propriedades energéticas são ancestralmente conhecidas nos povos dos quais é originária.

Algumas passagens dos Puranas, textos sagrados do hinduísmo junto com os Vedas, enumeram as muitas vantagens obtidas com a aproximação a essa árvore-refúgio.

A medicina Ayurveda a tem utilizado há centenas de anos como remédio muito efetivo para aumentar as probabilidades de concepção na mulher, de maneira totalmente natural. E não apenas como remédio "físico", funciona inclusive como meio vibracional: os casais com problemas para ter descendência vão rezar à sombra dessa árvore monumental como se fosse uma deidade.

Seus poderes também estão associados à longevidade e à proteção. A esse respeito, de novo seu aspecto proclama suas propriedades mais sutis: do mesmo modo que sua peculiar estrutura e estabilidade permitem o refúgio e o amparo diante das inclemências do tempo, sua energia protege das inclemências da existência e das ameaças emocionais.

O assombroso aspecto do baniano lhe confere a qualidade do onírico e converte-se, mesmo assim, em metáfora da roda espírito/matéria, posto que no seu peregrinar descende na terra, faz raízes e depois ascende de novo até o céu. Os budistas e os hindus a consideram uma árvore sagrada. De fato, aparece com enorme carga simbólica em muitas de suas principais obras de referência. Nos *Upanishads* e no *Bhagavad Gita*, por exemplo, o reino material é descrito como uma grande árvore baniana:

> *A Suprema Personalidade de Deus disse: Disse-se que há uma árvore baniana imperecedoura que tem suas raízes para cima e seus galhos para baixo, e cujas folhas são os hinos védicos. Aquele que conhece essa árvore é o conhecedor dos Vedas.*

Ainda hoje, os místicos utilizam frequentemente a sua imagem para ilustrar seus ensinamentos. Assim, em pleno século XX, um dos principais mestres da filosofia *advaita*, Sri Nisargadatta Maharaj, fez referência a essa árvore em uma de suas inúmeras palestras. Palestras prezadíssimas nos círculos espirituais carregadas de líricas imagens com a natureza como fundo e como mensageira:

> *O baniano tem uma semente muito pequena. A concepção dessa árvore imensa está contida neste grão tão pequeno. Para sua reprodução, você irá estudar e plantar cada raiz, cada rama, cada folha do baniano? Não. Só precisa se ocupar da semente, a única a ser plantada. E qual é a sua semente? O conhecimento sou eu. Esse conhecimento é o laço que une você ao mundo.*

VI

BREVE REFLEXÃO PESSOAL

Acredito firmemente que a humanidade está às portas de novo paradigma, a um passo da elevação global da consciência. Multidões de luzes iridescentes já são percebidas ao longo do planeta. Grãos de areia carregados de energia criadora e amorosa, que estão se infiltrando aos poucos na imensa montanha de lixo na qual temos convertido nossas sociedades. E as sementes desse milagre paulatino estão germinando dentro de cada um de nós. E, como não pode ser de outro jeito, florescerão em comunhão com todas as criaturas da natureza. Criaturas inocentes e beatíficas que levam milênios nos doando generosamente suas energias e sua sabedoria.

Segundo Einstein, há uma substância universal apenas, e tudo e todos somos formados dessa substância. As diferenças são questão de vibração – como dentro é fora, e como acima é embaixo. As árvores aderem-se na terra e se elevam majestosas para os céus, e o sangue circula desde a raiz do coração para se elevar nos galhos/artérias e nas ramificações/veias, assim como os brônquios ramificam-se em alvéolos. É inevitável não pensar em uma árvore quando se observa as reproduções gráficas esquemáticas desses sistemas orgânicos. Do mesmo modo, é inevitável não pensar em galáxias quando se observa a íris humana com uma lente de aumento.

Quando conseguirmos compreender a verdade profunda que se esconde por trás da beleza fractal, talvez consigamos compreender que nós somos seres interdependentes, e que essa interdependência não é outra coisa senão o Amor.

Sugestão de leitura!

Sugestão de leitura!

A INCRÍVEL CONEXÃO
INTESTINO
CÉREBRO
DESCUBRA A RELAÇÃO ENTRE AS EMOÇÕES
E O EQUILÍBRIO INTESTINAL

Camila Rowlands

Sugestão de leitura!

Sugestão de leitura!